Herstellung und Verlag:
BoD-Books on Demand, Norderstedt
ISBN: 978-3-7322-7854-1

Artur Rutkiewicz

Der nächste Aufstieg kommt bestimmt

Alleine mit dem Fahrrad von Stuttgart nach Portugal

Ein Reisetagebuch

Das Buch

Was passiert, wenn man sich ohne große Planung auf ein Fahrrad setzt und Richtung Südwesten radelt? Artur Rutkiewicz hat es ausprobiert und ist nach über 3.000 Kilometern schließlich in Portugal angekommen.

Dem besorgten Zureden seiner Eltern zum Trotz durchfuhr er alleine den Schwarzwald, das französische Zentralmassiv, die Pyrenäen und das Kantabrische Gebirge. Im berühmten Wallfahrtsort Santiago de Compostela fällt schließlich die Entscheidung, einen Abstecher nach Portugal bis an den Atlantik zu wagen.

Mit Witz und Ironie kommentiert der junge Autor nicht nur seine eigenen schwankenden Gemütsverfassungen und Erkenntnisse, sondern lässt sich auch über regionale Gepflogenheiten und nervende Weggefährten aus. Im Vordergrund steht aber die abenteuerliche Reise auf einer der schönsten Routen Europas.

Über mich

Ich, Artur Rutkiewicz, Jahrgang 1990, bin in Stuttgart geboren und studierte Kommunikationswissenschaften an der Universität Hohenheim. Dank einer längeren Pause nach meinem Auslandssemester in Schweden konnte ich diese Tour in Angriff nehmen.

Als besonders sportlich würde ich mich eigentlich nicht bezeichnen. Das macht dieses Abenteuer ganz besonders für mich und meine Familie – die mir das übrigens überhaupt nicht zugetraut hat. In meiner Freizeit bin ich Ausbilder und Prüfer für Schwimmen, Rettungsschwimmen und Erste Hilfe bei der Deutschen Lebens-Rettungs-Gesellschaft.

Für meine Familie, die mich immer unterstützt hat. Und natürlich allen Campingplatzbesitzern in Frankreich und Spanien, die mich ohne Rechnung haben übernachten lassen.
Es lebe die Steuerhinterziehung!

Erster Teil: Aller Anfang ist schwer

Tag 0 – 23.07.2012

Morgen ist es soweit. Ein großer Traum geht in Erfüllung. Alleine, nur mit dem Fahrrad als treuen Wegbegleiter, die Weiten der westeuropäischen Straßen entdecken, Berge erklimmen, französische Lavendelfelder in der Provence bewundern, guten spanischen Wein und die Vorzüge europäischer Einheit genießen. All das, was ich mir in den Wochen und Monaten vor meiner Abreise in so romantischen und unbekümmerten Tagträumereien vorgestellt habe, scheint aber im Anbetracht der Wirklichkeit wie weggeblasen. Nur noch wenige Stunden bis zur Abfahrt und ich bin tatsächlich etwas nervös. Ja, ich zweifle sogar an meinem Vorhaben. Die ursprüngliche Vorstellung, sich quasi unvorbereitet auf einen über 2.000 Kilometer langen „road trip" zu begeben erscheint nun, da ich Zeit habe ernsthaft über alles nachzudenken, sehr naiv und töricht.

Über 2.000 Kilometer. Da liegt ja schon das Problem – ich weiß nicht einmal wie viele Tage, wie viele Kilometer oder wie viele Reifenpannen genau ich auf meinem Weg zu bewältigen habe. Bin ich überhaupt gut genug vorbereitet und werden meine Beine durchhalten? Was ist mit der Sonne? Spanien und Frankreich sind doch sehr heiß. Da herrschen sicherlich mindestens 40 °C im Schatten. Mir schießt der skeptische Kommentar eines Kollegen in den Kopf, nachdem ich ihm vor circa einem Jahr von meinem Vorhaben berichtete: „Du weißt schon, dass das nicht so einfach wird, wie du es dir so vorstellst?" Voller Zuversicht, Selbstvertrauen und zugegebenermaßen ein wenig Trotz habe ich ihm damals spitz erwidert, dass ich sehr wohl weiß, was ich da tun werde. Diese Zuversicht hielt auch ziemlich lange an. Nun ja, bis heute.

Die Wochen vor meiner Reise waren recht ereignisreich. Im Frühjahr habe ich ein Semester in Schweden studiert (ERASMUS sei Dank) und dabei halb Nordeuropa gesehen. Schließlich zurück in Deutschland habe ich einen Ferienjob beim großen schwäbischen Autobauer angetreten. Meine gesamte körperliche Vorbereitung für die geplante Reise bestand eigentlich nur aus dem Anfahrtsweg zum Produktionswerk, also mit dem Fahrrad zur nächsten S-Bahn Station fahren (immerhin gute zehn Kilometer), da die Stuttgarter Straßenbahnen es nicht für nötig halten frühmorgens die Arbeiter zu ihren Arbeitsplätzen zu fahren. Danach den ganzen Tag am Band stehen und Einfüllstutzen festschrauben. Das war durchaus anstrengend, aber reicht das? Nach Feierabend machte ich mich daran, nach und nach alles für die Reise zu kaufen und zu sammeln, was sich als nützlich erweisen könnte: Satteltaschen (natürlich die Billigen im Online-Shop), eine Trinkflasche, Spezial-Fahrradregencape, Fahrradzubehör/-ersatzteile, kleine Reiseapotheke, Taschenmesser, Kartenmaterial, Pilgerurkunde (für die ich extra Mitglied der Deutschen St. Jakobus-Gesellschaft e. V. geworden bin), Rückflugunterlagen, leeres Reisetagebuch, Handy, Taschenlampe, Feuerstein, Isomatte, Kleidung, Hygieneartikel, Müsli-Notfall-Riegel und so weiter.

Mein supertolles Fahrrad samt Helm und Tacho besitze ich schon seit über einem Jahr. Die weiteste Reise mit dem Drahtesel liegt aber schon etwa ein Jahr zurück. Damals von Stuttgart nach Lorch im Remstal zu meinen Verwandten. Immerhin rund 50 Kilometer in eine Richtung und den Stuttgarter Kessel musste ich auch noch überwinden. Danach war aber nicht viel Fahrradfahren angesagt, außer die Fahrten zur S-Bahn.

Seit einigen Tagen liegt alles, was ich mitzunehmen gedenke, auf dem Boden im Wohnzimmer und wartet auf das Einpacken. Das habe ich mir extra für heute vorgenommen. Mein Vater, der mich sehr skeptisch beäugt, fragt mich dann und wann etwas um weitere Informationen über meine Reise zu erfahren. Eigentlich wissen er und meine Mutter nur so viel: Ich will mit dem Fahrrad nach Spanien. Die Route ist mehr oder minder grob auf der Europakarte in meinem Zimmer mit Stecknadeln markiert und mitnehmen möchte ich all das, was auf dem Wohnzimmerboden verteilt ist. Dies ist ihm selbstverständlich zu wenig Auskunft. Ich für meinen Teil muss leider sagen: Viel mehr weiß ich auch nicht. Zwar habe ich noch zwei Bücher gekauft, die meinen Weg mehr oder weniger vorgeben, aber was wirklich auf mich zukommt? Keine Ahnung.

Insgesamt 15 Kilogramm wiegt das ganze Gepäck und der Proviant ist nicht mit einberechnet. Wenn ich den einschlägigen Internetseiten und -foren Glauben schenken darf, ist das genau richtig für eine so lange Fahrt, aber es scheint mir trotzdem viel zu viel. Wird mein Hinterrad das alles (mich eingerechnet) aushalten? Um ehrlich zu sein, die Gewichtsfrage wird mich fast die nächste Nacht kosten. Zudem haben zwei meiner drei Bekannten aus Tübingen abgesagt. Somit ist mein Schlafplatz für die erste Nacht in großer Gefahr. Nun schießen mir tatsächlich noch tausend Sachen, die ich noch erledigen muss, durch den Kopf. Mir kommt auch der Gedanke, dass ich mich mental auf diese Reise irgendwie einstellen sollte. An sich ist die Tour nicht als spirituelle Reise geplant, aber zumindest sollte man sich Gedanken machen, um die Fahrt in vollen Zügen genießen zu können.

Vielleicht kommt die richtige Einstellung während den paar ersten Tagen Hoch. Ein Zurück gibt es eigentlich nicht mehr. Das Flugzeug will am 5. September in Santiago de Compostela bestiegen werden und als gebürtiger Schwabe lasse ich den teuer bezahlten Flug natürlich nicht sausen. Man wird sehen – jetzt geht es erst einmal um sehr praktische Dinge: Fahrrad bepacken und mit Spanngummis behelfsmäßig sichern. Eine improvisierte Vordertasche aus einem kleinen Rucksack und Spanngummis basteln und das Gesamtwerk bestaunen. Mein Gefährt sieht sehr instabil aus. Ob das halten wird? Bei dem Gewicht? Und ich wiege auch nochmal um die 85 Kilo. Morgen bin ich wohl schlauer. Nur noch den ersten Tagebucheintrag fertigstellen. Gute Nacht.

Tag 1 – 24.07.2012
Strecke: Stuttgart – Rottenburg
KM: 65,8 Gesamtstrecke: 65 km
Zeit: 4h 06min Uhrzeit: 10.00 – 19.30 Uhr

Heute ist er da, der erste Tag. Morgens hat mich meine Mutter geweckt, um sich zu verabschieden. Ich soll ja nicht vergessen, immer anzurufen! Der Tag ist herrlich. Sonnenschein und Temperaturen um die 20 °C schon am Vormittag. Doch dann schaue ich auf mein Handy und muss feststellen, dass meine Pläne durchkreuzt sind: Mein letzter Schlafplatz in Tübingen hat abgesagt. Ein letztes Frühstück und um circa neun Uhr geht es runter in den Keller zum bepackten Fahrrad. Ich mache mir immer noch große Sorgen um das Gewicht, aber wir werden ja sehen, wie ich vorankommen werde. Mein Vater hat mich ebenfalls begleitet und fotografiert mich und mein Fahrrad noch ein letztes Mal. Dann steige ich auf (das Fahrrad fühlt sich unglaublich gewichtig und schwerfällig an) und fahre los. Um die Ecke auf die Straße und Richtung Wald. Der erste Hügel wird schon zur richtigen Herausforderung, aber ich bin voller Motivation und fange nicht an zu schwächeln.

Es geht einen ziemlich steilen Berg runter und schon bin ich auf dem Weg Richtung Plieningen am südlichen Rand von Stuttgart. An meiner Uni vorbei und kurz vor Plieningen wartet eine weitere Herausforderung auf mich: eine Schulklasse auf Wanderausflug. Logisch, es sind bald Sommerferien. Einen heftigen Berg hoch und schon fange ich an zu straucheln und muss absteigen und schieben. Das fängt ja gut an.

Aber die Motivation hält und ich fahre weiter Richtung Flughafen, immer weiter nach Leinfelden und weiter und weiter. Schließlich befinde ich mich auf Straßen, auf denen ich noch nie war und mich nicht auskenne. Zum Glück habe ich eine Fahrradkarte der Region dabei und mein Ziel Tübingen ist auch eingezeichnet. Das Umland von Stuttgart ist sehr hügelig und ich merke, dass es nicht ganz so schlau ist, in der Mittagssonne zu fahren. Es wird unglaublich heiß und meine Wasservorräte neigen sich sehr schnell dem Ende zu. Ich komme in ein kleines Dorf auf den Fildern – natürlich völlig verlassen – und finde nach langem Suchen endlich eine Bäckerei bei der ich halb verdurstet nachfrage ob ich meine Wasserflasche auffüllen kann. Nach einem kritischen Blick zeigt die Verkäuferin auf das Waschbecken und nickt. Nachdem ich ein paar Brötchen kaufe, legt sich ihr Misstrauen merklich. Ich schwinge mich wieder aufs Rad und komme langsam in Gebiete mit mehr Wäldern und kleinen Seen. Ein Heer von Mücken versucht mein Blut an sich zu reißen, doch ich strample tapfer weiter, bis ich den Hohenzollern Radweg erreiche. Eigentlich hab ich bisher nur recht langweilige Dörfer und fast keinen Menschen getroffen, was an einem Dienstagmittag aber natürlich völlig normal ist. Stuttgart habe ich mit wenig Sentiment hinter mir gelassen und mit dem Tempo bin ich eigentlich auch sehr zufrieden. Einzig die Frau um die 40, die mich soeben leichtfüßig auf ihrem klapprigen Fahrrad überholt hat, lässt mich ein wenig an meinen Fähigkeiten zweifeln. Wie kann sie so viel schneller sein? Ich hab zwar viel Gepäck, aber mein Tempo ist dennoch ganz ordentlich. Nach einigen Metern kann ich sie einholen, doch schon wieder strampelt sie ganz gemütlich an mir vorbei. Beim genaueren Hinsehen erkenne ich den Akku auf dem Gepäckträger und bin ziemlich erleichtert darüber, dass die Dame ein Elektrofahrrad besitzt.

Das Fahren wird immer leichter und ich bekomme ein besseres Gefühl für mein Fahrrad. Die Schwerfälligkeit lässt sich recht gut ausgleichen und ich bin sehr froh, den kleinen Rucksack vorne am Lenker befestigt zu haben. Allerdings sieht mein Ungetüm nicht besonders vertrauenerweckend aus. Da die Mücken immer aggressiver werden und ich die Mittagshitze kaum aushalten kann, entscheide ich mich in Bebenhausen Rast zu machen. Ein großes Kloster samt Jagdschloss gibt es hier zu besichtigen und außerdem sehe ich an dieser Stelle das erste Mal das Jakobsmuschelzeichen, welches letztendlich den Weg nach Spanien deuten soll, an einem Straßenschild befestigt. Gehört hab ich von diesem Jagdschloss der württembergischen Herzöge und Könige noch nie, obwohl hier nach dem Krieg das Parlament von Württemberg-Hohenzollern getagt hat. Sehr interessant, der Einblick in die Geschichte so nah vor der Haustür, aber am meisten gefällt mir der Kreuzgang. Auf meine Frage, ob die Jakobsmuschel am Eingang ein Hinweis auf eine spezielle Verbindung zu dem Pilgerweg ist, wurde leider verneint.

Es geht weiter. Es ist 15 Uhr, noch wärmer als heute Mittag und mein Kopf fängt langsam an weh zu tun. Dennoch spiele ich mit dem Gedanken nicht nach Tübingen, sondern gleich weiter nach Rottenburg zu fahren. An einer Kreuzung mitten im Wald entscheidet es sich dann schließlich. Das Fahrradschild zeigt links nach Tübingen und rechts zum weiter entfernten Rottenburg am Neckar. Ich entscheide mich tatsächlich für Rottenburg, denn in Tübingen erwartet mich ja niemand. Der Weg führt mich durch noch mehr Wälder, bis ich schließlich im beschaulichen Rottenburg, mit seiner zentral gelegenen katholischen Kirche, ankomme. Ich versuche in der Diözese ein Nachtlager zu bekommen. Schließlich sollten sie Pilger gewohnt sein und mit meinem Ausweis ist es offiziell.

Zunächst meldet sich keiner und die Angestellten, die schließlich durch mein vehementes und wahrscheinlich aufdringliches Klopfen auf mich aufmerksam geworden waren, sind über meinen Wunsch ziemlich erstaunt und auch etwas überfordert – offenbar bin ich der Erste meiner Art. Nach einer Stunde warten findet sich schließlich jemand, der mir mitteilt, dass kein Zimmer frei sei und ich glaube es an dieser Stelle einfach mal. Verzweifelt fahre ich durch die Straßen und denke nach. Vielleicht ist in der Kirche Hilfe zu finden. Als ich das Gotteshaus betrete, findet sich tatsächlich ein hilfsbereiter Kirchenmitarbeiter, der den ersten Stempel in mein Pilgerbuch drückt und mir die Adresse eines netten Ehepaares gibt, welches Pilger aufnimmt. Diese haben zwar schon Dreien an diesem Tag abgesagt, aber alle guten Dinge sind ja bekanntlich vier. Ich durfte für eine Nacht sehr gemütlich bei ihnen schlafen und eine eigene Dusche gab es zum Glück ebenfalls.

Der letzte Teil meiner heutigen Strecke war nicht besonders leicht. Die große Hitze, Erschöpfung und die lange Suche nach dem Schlafplatz forderten ihren Tribut in Form von Kopfschmerzen und Schlaflosigkeit. Ab morgen muss ich früher losfahren, eine richtige und lange Siesta halten und einen Supermarkt auf dem Weg finden, damit ich auch ein richtiges Mittagessen (außer trockene Brötchen) zum Essen bekomme. Aber die ersten Tage sollen bekanntlich die schlimmsten sein; erzählt man sich zumindest im Internet.

Insgesamt bin ich dennoch recht zufrieden. Ich bin weiter gefahren als gedacht, das Fahrrad ist noch ganz, einen kleinen Sonnenbrand habe ich auch abbekommen und ich habe viele

Einblicke in das schwäbische Kleinstadtleben bekommen. Wenn ich aber auf die Europakarte, die in dem Zimmer der netten Gastfamilie hängt, schaue, bekomme ich doch ein paar Sorgenfalten auf der Stirn. Der Weg erscheint unglaublich lang und ich bin nur ein winzig kleines Stückchen vorangekommen. Hoffentlich kann ich meine Kilometeranzahl pro Tag erhöhen.

In „Pilgerstimmung" bin ich noch nicht so richtig. Mir gehen viele Dinge durch den Kopf, die sich nicht nur mit der Reise beschäftigen. Jetzt gönne ich mir noch eine warme zusammengedrückte Banane und lege mich schlafen. Morgiges Ziel: Alpirsbach.

Tag 2 – 25.07.2012
Strecke: Rottenburg – Alpirsbach
KM: 80,62   Gesamtstrecke: 146 km
Zeit: 5h 41min   Uhrzeit: 06.45 – 17.30 Uhr

Heute Morgen bin ich sehr früh aufgestanden und musste feststellen, dass ich mich nur sehr wackelig auf den Beinen halten kann. Mir ist auch etwas flau im Magen. Ob das von den warmen Bananen herrührt?

Ich werde mir immer sicherer, dass es wohl besser ist, morgens im Kühlen zu fahren, als in der Mittagshitze. Nachdem alles zusammengepackt ist, schleiche ich mich Richtung Ausgang, da ich das nette Ehepaar ungerne wecken möchte. Geld und meine nicht mehr zu gebrauchende Fahrradkarte der Stuttgarter Region lasse ich liegen. Offenbar habe ich aber ältere Ehepaare stark unterschätzt, denn sie sind schon voll aktiv und bieten mir Frühstück an. Da ich jedoch so lang wie möglich die kühlen Stunden ausnutzen möchte, fahre ich gleich los. Es zieht mich durch das verschlafene Rottenburg Richtung Horb am Neckar. Immer weiter geht es dann in einem sehr schönen Tal Richtung Sulz am Neckar. Zum Glück gibt es in Deutschland eine hervorragende Beschilderung mit Kilometeranzeige für Fahrradfahrer. Hoffentlich gibt es so etwas auch in Frankreich.

Nach circa einer Stunde Fahrt stehe ich vor der Entscheidung Landstraße oder Waldweg. Kein Schild, keine Ahnung, keine Vorsicht, also der Waldweg. Sehr schlechte Idee. Es geht ungefähr einen Kilometer steil bergauf, und da der Weg sehr steinig und uneben ist, bleibt mir nichts Anderes übrig als zu schieben. Schließlich komme ich an irgendeinem Bauernhof und einer Burg, die sich Weitenburg schimpft, an. Weit ist die Burg tatsächlich, weit von meinem Weg entfernt. In der Burg befindet sich irgendein Luxushotel und ich kann die Premiumautos auf dem Parkplatz davor bewundern. Sogar ein Mann in Samurai-Anzug samt Schwert steht auf dem Parkplatz und macht Tai-Chi oder so etwas. Sehr skurril das Ganze, aber zumindest ist die weitere Fahrt bergab sehr angenehm. Danach schlängelt sich ein sehr gut ausgebauter Fahrradweg an den ersten Ausläufern des Schwarzwaldes entlang, immer an der Seite des Neckars. Ich genieße die Landschaft mit den Feldern und Weiden, die vermutlich Überflutungsflächen sind und grinse die wenigen Menschen mit Hunden die mir entgegenkommen an. Wenn die wüssten, was ich vorhabe. Der Tag scheint richtig gut zu werden und alles läuft so richtig rund.

Im Touristenbüro von Sulz am Neckar finde ich eine Karte mit den örtlichen Jakobswegen und muss entgeistert feststellen, dass mich mein aktueller Weg nicht an mein Ziel bringen wird. Wäre auch zu schön, um wahr zu sein.

Mein heutiges Ziel ist Alpirsbach. Eine regionale Institution in Sachen Braukunst. Leider trennt mich ein sehr beeindruckender Berg vom Hopfensaft, aber ich bin voller Zuversicht und Tatendrang. Ich biege also ab und finde mich im beschaulichen Oberndorf am Neckar wieder. Vermutlich führt der Weg über den steilen Anstieg nach Weiden, dennoch vergewissere ich mich bei zwei Jungs, die mir entgegenkommen, ob mich der Weg auch wirklich nach Alpirsbach führt. Die beiden schauen mich etwas skeptisch an und erzählen mir im tiefsten Schwäbisch, dass der Weg zwar richtig sei, ich jedoch viel strampeln müsste. Die beiden haben sich geirrt, strampeln half da nicht viel. Mit letzter Kraft und vielen Pausen habe ich mein Fahrrad irgendwie die Straße hochgeschoben, bis ich einen kleinen Waldweg erkenne, der eine Abkürzung zu sein scheint. Ob ich hier wirklich schneller vorankomme, wage ich mal stark zu bezweifeln, da der Weg so steil ist, dass ich mein Fahrrad nur einige Meter schieben kann, nur um gleich darauf eine lange Ruhepause einzulegen. Nie wieder werde ich einen derartig bescheuerten Umweg wegen einer noch bescheuerteren Brauerei auf mich nehmen. Zumindest hat mich die Aussicht auf süffiges Bier vorangetrieben.

Auf dem Berg komme ich an kleinen Dörfern vorbei, die selbstverständlich weder Supermarkt noch Bäckerei haben.

Ältere Mitbürger beobachten mich verstohlen durch ihre Fenster und ich quäle mich bei gefühlten 50 °C durch die Landstraßen und Waldwege. Zwischendurch gönne ich mir eine warme, bräunliche Banane oder kühle meinen Kopf am örtlichen Wasserspender. Hier sehe ich auch den wohl jüngsten Traktorfahrer Deutschlands, aber das ist offenbar normal hier.

Nach einiger Zeit finde ich mich am Waldeingang wieder und kann zu meiner Rechten einen sehr schönen Teil des Schwarzwaldes sehen. Leider endet der befestigte Weg urplötzlich und ich bin gezwungen einen Waldweg zu benutzen. Aber zumindest gibt es hier eine kleine Brücke um den Bach zu überqueren und am Bach selbst, kann ich mich gut abkühlen und die Wasservorräte nachfüllen. Ein großer Fehler, wie sich in der Nacht herausstellen sollte.

Durch das Dickicht geht es Berg wieder runter, einem Weg, den außer dem örtlichen Förster wahrscheinlich niemand benutzt. Die Fahrt ist halsbrecherisch. Überall liegen Reisig, Äste so groß wie Unterarme und fußballartige Steine. Angst in Form von Adrenalin zirkuliert durch meinen Körper und ich hoffe inständig, dass mein Fahrrad das aushält. Außerdem sieht der Weg aus, als ob er nur zweimal im Jahr kontrolliert wird. Hier sollte ich lieber nicht stürzen und bewusstlos liegenbleiben.

Mein Fahrrad hält die Belastung tatsächlich aus und ich komme auf eine Landstraße, die nach Alpirsbach führt. Als ich gerade an einem Freibad vorbeikomme, fängt ein Sommergewitter in unglaublicher Heftigkeit an, aber zum Glück gibt es eine überdachte Haltestelle in der Nähe. Nach etwa 30 Minuten werde ich ungeduldig und fahre weiter. Zwei Minuten später bin ich völlig durchnässt und verfluche meine Ungeduld. Aber es wird immer später und ich habe Sorge die Brauerei könnte schließen. In Alpirsbach angekommen, muss ich feststellen, dass es außer der Brauerei und dem sagen wir mal unkreativ gestalteten Kloster, recht wenig zu sehen gibt. Im Shop gönne ich mir ein dunkles Starkbier, da die Temperatur aber auf etwa 16 Grad gefallen ist, hält sich der Genuss in Grenzen. Um ehrlich zu sein, in Alpirsbach zu halten, war eine sehr bescheidene Idee. Der Umweg hat sich für die geschlossene Brauerei (Besuchszeit natürlich verpasst) definitiv nicht gelohnt. Dennoch fahre ich voller Motivation weiter Richtung Süden, um den nächsten Campingplatz zu erreichen. Diesen werde ich aber nie erreichen, da der Regen noch einmal an Stärke zunimmt und mein Magen anfängt zu rebellieren. Ich tippe dabei auf das Wasser aus dem Bach, welches mir eindeutig schlecht bekommen ist.

Mit letzter Kraft schiebe ich mein Fahrrad einen Berg hoch und erreiche eine Alm, welche zwar am Abhang gelegen ist, aber nicht vom großen Herrenhaus in der Nähe gesehen werden kann. Zumindest hoffe ich, dass man mich durch den aufsteigenden Nebel nicht sieht. Heute darf ich das erste Mal mein Zelt aufstellen. Es stellt sich jedoch sehr schnell heraus, dass es sehr schwierig ist, ein Zelt aufzustellen, wenn alles nass ist. Eigentlich ist das günstige Zelt sehr gut durchdacht. Eine Plane für den Untergrund mit aufgenähtem Netz gegen Insekten und darauf ein Regenschutz. Alles wird nur von ein paar Zeltnägeln und einer flexiblen Stange in der Mitte gehalten. Man erhält seitlich gesehen einen Halbmond, der aber nur für eine Person samt Gepäck Platz bietet. Der durchweichte Boden ist nicht gerade gut geeignet für ein solches System und man sollte außerdem ein Zelt niemals am Abhang aufstellen. Das gesamte Hab und gut und man selbst werden in der Nacht nach unten gedrückt, gefährlich nah an den Abgrund. Außerdem sollte man bei der Planung die Matratze zum Schlafen nicht vergessen. Diese Nacht werde ich sicherlich niemals vergessen. Gegen 23 Uhr werden die Magenkrämpfe immer schlimmer und ich fühle mich unglaublich beschissen. Aber erstaunlicherweise bin ich immer noch motiviert; manchmal wütend auf alles, aber motiviert. Irgendwann schlafe ich schließlich ein, nur von einem Gedanken begleitet: Hoffentlich scheucht mich hier keiner mitten in der Nacht weg.

Die Nacht lässt sich wohl am besten mit meinem original Tagebucheintrag beschreiben: „Was für eine Nacht. Ist wohl die Schrecklichste in meinem Leben gewesen: Mir war kalt, schlecht, ich bin schlecht gelaunt und hungrig und habe keine Ahnung, wie ich es zum nächsten Ort schaffen soll. Alles, wirklich ALLES ist nass, heute _muss_ die Strecke leichter werden. So eine totale Scheiße!"

Tag 3 – 26.07.2012

Strecke: Alpirsbach – Freiburg

KM: 88,2   Gesamtstrecke: 234 km

Zeit: 5h 56min   Uhrzeit: 07.20 – 20.30 Uhr

Die Nacht ist tatsächlich vorübergegangen. Mir war schlecht, alles ist nass und mein Zelt ist unter dem nassen Boden in gefährliche Schieflage geraten, gefährlich nah an den tiefen Abhang. Kurz um, die Hölle auf Erden, und das schon in der zweiten Nacht. Dazu kommt noch mein verstimmter Magen. Ich fühle mich irgendwie verkatert. Offenbar war das gestrige Wasser am Bach doch nicht ganz so quellrein wie erwartet, weshalb ich zum Frühstück zwei Kohlekompretten schlucke, die ich in weiser Voraussicht mitgenommen habe.

Unter einigen motivationserzeugenden Aufschreien habe ich es tatsächlich geschafft alles zusammenzupacken und das Zelt auf den Gepäckträger zu schnallen. Richtig zusammengepackt ist es nicht und verkehrstüchtig sieht mein Gefährt nun noch weniger aus als sonst, aber vielleicht kommt die Sonne raus und trocknet meine Habseligkeiten.

Zum Glück hat es gegen vier Uhr aufgehört zu regnen und so schiebe ich, am ganzen Körper zitternd, mein Fahrrad den Berg hoch. Vorbei am Herrenhaus, den Viehställen, den misstrauisch dreinblickenden Kühen und dem Bauern, der extra von seiner Arbeit aufsieht und mich argwöhnisch beäugt, bis ich aus seinem Blickfeld verschwinde. Der Berg ist nicht allzu hoch und nach einigen weiteren Metern schieben kann ich auf mein Fahrrad steigen und runter sausen. Der Wind durchdringt meine Kleidung und mir wird kälter und kälter. Die Finger kann ich ohnehin kaum bewegen, geschweige denn richtig spüren.

Wieder auf der Landstraße komme ich in die nächste kleinere Ortschaft und suche eine Bäckerei auf. Schön warm ist es hier drin und ich genehmige mir einen Kaffee, eine Butterbrezel und eine Nussschnecke, wahrlich eine lebensrettende Sofortmaßnahme.

Gibt es eigentlich auch Bäckereien in Frankreich und Spanien? Irgendwo müssen die ja ihre Baguettes kaufen, schießt es mir durch den Kopf. So ein Blödsinn. Als ob alle Franzosen Baskenmützen tragen und den ganzen Tag Baguettes und Croissants essen und dazu diesen widerlichen Wein trinken, der in Deutschland als französisches Meisterwerk verkauft wird. Unsinnige Stereotypen, aber eigentlich habe ich keine Ahnung, wo Franzosen ihre Backwaren kaufen ...

Der Weg nach Haslach ist leicht abschüssig und sehr schön. Ich komme recht flott und entspannt voran; eine wirkliche Wohltat nach dem Fiasko gestern. Im Ort gehe ich schnell Wasser, Bananen und Schokokekse kaufen und verputze noch einen Apfel, um gleich darauf weiterzufahren. Der Weg ist zwar leicht und ich komme sehr gut voran, dennoch geht es meinem Magen nicht gut. Ähnlich wie nach einer ausgedehnten Sauftour wird mir immer schlechter, je mehr sich die Mittagszeit nähert. Meine Erfahrungswerte sagen mir, dass der Wendepunkt gegen 14 Uhr kommt. Mal schauen, ob das hier auch der Fall sein wird.

Schon gegen zehn Uhr wird mir ziemlich schlecht und ich lege mich auf einer Bank hin, um einige schreckerfüllte Minuten Rast zu machen. Überall um mich herum sind Menschen. Senioren, die mit ihren Nordic-Walking Stöcken den Weg auf und ab laufen, Mütter mit ihren Kindern auf gefährlich schwankenden Minifahrrädern und freilaufende Hunde ohne erkennbares Herrchen. Wenn ich mich hier übergeben sollte, würde ich sicherlich auffallen. Doch mir gelingt es, durch mehrminütiges meditatives Atmen den Brechreiz zu unterdrücken und döse sogar etwas ein. Plötzlich fällt ein Schatten auf mein Gesicht und jemand spricht mich an. Durch meinen Kopf gehen schon die ersten Verwünschungen. Wie kann diese penetrante Person meine innere Ruhe so dreist und ohne Einwilligung meinerseits stören. Ich blicke auf und erkenne einen anderen Fahrradfahrer. Er, der, wie ich später in Erfahrung bringen konnte, Martin heißt, sieht mir kleidungstechnisch recht ähnlich, doch sein Fahrrad ist wie von einer anderen Welt. Noch nie habe ich so viele Umhängetaschen gesehen und wusste gar nicht, dass man an einem Fahrrad an so vielen Stellen Taschen befestigen kann. Vorne zwei Hängetaschen, eine Lenkertasche, hinten zwei Hängetaschen, eine Tasche auf dem Gepäckträger und einen riesigen Rucksack. Der hat sicherlich eine Weltumrundung im Kopf bei dem Gepäck. Aber es stellt sich heraus, dass er eigentlich nur aus Berlin ist und nach Freiburg fährt, um einen Freund zu besuchen. Zwar ist es offensichtlich, dass ich ebenfalls eine längere Radtour vorhabe, doch als er erfährt, dass ich eigentlich nach Spanien möchte, ist er leicht irritiert. Angeblich habe ich zu wenig Gepäck dabei.

Wir beschließen gemeinsam weiterzufahren, wobei ich schnell merke, dass er der eindeutig bessere Fahrer ist, trotz der geschätzten 40 Kilogramm Gepäck. Interessante Erfahrung, nicht mehr alleine zu fahren und ich vergesse für einige Stunden mein sehr ernstes Magenproblem. Die Unterhaltung war auch schön ablenkend und vor allem interessierten mich die Erfahrungen, die er auf seinem bisher zurückgelegten Weg gemacht hatte. Er hat die Strecke von Berlin hierher in nur wenigen Tagen absolviert und teilweise sogar 200 Kilometer am Tag geschafft! Nun ja, im Norden ist es flach rede ich mir ein, um meine Radfahrerehre ein bisschen zu bewahren. Er lässt sich auch sehr breit über Leute aus, die sein Vorhaben und Gepäck für bescheuert erklärten. Meine Frage bezüglich des Gepäcks ließ ich deshalb sehr dezent fallen. Hier eine Anmerkung an meinen Vater: Martin war wirklich für alle Eventualitäten vorbereitet, egal ob Erdbeben, Giftgasanschlag, atomare Katastrophe oder ein Bett ohne brauchbares Kopfkissen. Ich bezweifle zwar, dass so viel kaputt gehen kann, bin dennoch über die zurückgelegte Strecke zutiefst beeindruckt.

Der Weg nach Freiburg gestaltet sich urplötzlich als sehr schwierig, da der Weg uns über den wohl längsten Aufstieg des Schwarzwaldes führt. Zum Glück ist der Weg geteert und wenig befahren, ansonsten wäre dieser zweistündige Aufstieg nicht zu bewältigen gewesen. Als dann sogar Martin im ersten Gang nicht mehr vorankommt und schieben muss bin ich doch insgeheim sehr glücklich darüber. Zudem konnte ich etwas über Orientierung lernen. Nur weil ich will, dass wir den Gipfel erreichen, heißt es noch lange nicht, dass der Gipfel hinter der nächste Ecke lauert. Als wir tatsächlich den Gipfel erreichen, der passenderweise „Am Berg" heißt, bin ich völlig ausgelaugt. Außerdem habe ich meinen Wasserverbrauch schlecht eingeschätzt, konnte aber zum Glück von Martins etwas zu warmer Fanta kosten. Warme Fanta schmeckt übrigens auch scheiße, wenn man kurz vor dem Verdursten ist.

Nun geht es ein wenig auf der Hochebene Richtung Süden und die Temperatur steigt auf gefühlte 60 °C. Dabei war es morgens noch neblig kalt, tolles Wetter. Die Hitze ist allerdings weniger das Problem als die Sonne. Ich spüre förmlich, wie meine Haut versengt wird. Aber die Landschaft ist dafür absolut atemberaubend. Von hier oben hat man einen wunderbaren Blick auf das Mittelgebirge und es erscheint mir fast übermenschlich, dass ich diesen Weg aus eigener Kraft hochgekommen bin. Jetzt weiß ich auch, warum der Schwarzwald Schwarzwald heißt. Die Nadelwälder reichen bis an den Horizont und tauchen die Gebirge in tiefes fast schwarz wirkendes Dunkelgrün. Vorbei an einer Ferienwohnung und einigen Wanderern geht es auf einen Waldpfad, der sich bald als gefährlich abschüssige Downhillstrecke erweist. Martin findet es toll und ich hoffe nur, dass mein Fahrrad diese erneute Tortur übersteht. Im Tal angekommen nimmt die Sonnenintensität nochmal um 500 % zu, weshalb ich mich entscheide auf dem Pennyparkplatz Rast zu machen. Dort fange ich an mein nasses Zelt, Klamotten, naja eigentlich mein gesamtes Hab und Gut auf dem Behindertenparkplatz auszubreiten, um es zu trocknen. Außerdem wollte ich ein wenig warten, bis die Sonne ungefährlicher wird und eine Weiterreise ohne Melanom-Gefahr möglich ist. Die Trocknungsaktion findet auch bei Martin Anklang und so warten wir gemeinsam und sehen dem Wasser beim Verdampfen zu. Einige Buttermilch und trockene Pennybrötchen später spüre ich, dass mein Mitfahrer ungeduldiger wird und langsam aufbrechen will. Wir machen uns also wieder auf den Weg, ich jedoch deutlich unmotivierter und noch langsamer als zuvor. Zum Glück ist die Strecke leichter und der Fahrradwanderweg im Elztal erweist sich als wunderschön. Immer an der Elz entlang passieren wir Elzach, Oberwinden, Gutach im Breisgau und Waldkirch. Mittlerweile hab ich mich damit abgefunden in den nächsten Tagen einen unerträglichen Sonnenbrand zu erleiden und folge Martin immer weiter und weiter in Richtung Freiburg. Eigentlich war das gar nicht mein heutiges Etappenziel, aber die moralische Unterstützung treibt mich an.

Gegen 19 Uhr und einige wütende Blicke auf Martins Rücken später (wieso wartet der immer auf mich, ich muss heute nicht nach Freiburg), erreichen wir tatsächlich unser Ziel. Tief im Inneren bin ich natürlich sehr dankbar über die Begleitung und die Strecke, die ich dank ihm zurücklegen konnte, aber meine Verabschiedung verlief dann doch etwas herzlos. Sorry Martin!

Freiburg ist an sich ganz nett und für Fahrradfahrer sehr gut ausgeschildert, aber ich bin müde, stinke, habe Durchfall und will schlafen. Nach dem eine Cola gekauft und die Toilette besucht worden ist, mache ich mich auf die Suche nach einer Jugendherberge. Laut Straßenkarte gibt es eine und ich sehe auch überall Schilder. Dennoch dauert es fast eine Stunde, inklusive rumfragen und aufregen, bis ich diese ominöse Herberge finde, die gefühlte 300 Kilometer außerhalb Freiburgs liegt. Tief zufrieden über meine Leistung komme ich an, steige vom Rad und gehe an die Rezeption. Natürlich ist dank den überall um die Herberge herumlungernden und heimlich rauchenden Schülern kein Zimmer mehr frei. Im Gegensatz zu mir ist die Mitarbeiterin hinterm Tresen jedoch sehr nett und erklärt mir den Weg zum örtlichen Campingplatz, der sogar noch Platz hat. Nach einer weiteren 30-minütigen Fahrt, die durch viele Pausen gekennzeichnet war, erreiche ich den Campingplatz und kann mein Zelt aufstellen. Die Dusche ist wie zu erwarten, das absolute Highlight des Abends und der nette Herr vom Campingplatz organisiert mir sogar zwei Matratzen, um die Nacht etwas erträglicher zu gestalten. Ich schaffe es auch den ekelhaft fettigen panierten Käse, der im örtlichen „Restaurant" angeboten wird mit Kristallweizen runterzuspülen. Todmüde gehe ich schlafen und denke an nichts mehr.

Tag 4 – 27.07.2012
Strecke: Freiburg – Ensisheim (Frankreich)
KM: 74   Gesamtstrecke: 308 km
Zeit: 4h 33min   Uhrzeit: 10.40 – 22.40 Uhr

Die Nacht war ziemlich bequem und erholend. Nach dem gestrigen Abenteuer ist dies aber auch kein Wunder. Bin aus meiner Zelthöhle raus gekrochen und nach einigem Strecken und schmerzvollen Seufzern, die meinem Muskelkater geschuldet sind, hab ich mich ans Zusammenpacken gemacht. Das Fahrrad sieht immer noch sehr überladen aus, aber immerhin hat es schon eine ganz schöne Strecke geschafft. Der ganze Campingplatz ist ruhig und verschlafen, nur ein paar wenige Lerchen sind schon fleißig beim Kaffeetrinken. Bin um ehrlich zu sein das erste Mal auf einem Campingplatz und jeder hier schaute mich gestern etwas komisch an. Offenbar sind mein Fahrrad und Auftreten – wie von mir befürchtet – sehr befremdlich. Eins ist sicher, leidenschaftlicher Camper werde ich niemals werden. Ich hoffe, dass ich in Frankreich nicht die Lust am Campen verlieren werde.

Raus aus dem Campingplatz und rauf auf den Sattel. Der Verkehr in Freiburg ist an diesem Freitag recht ausgeprägt und so schlage ich mich wacker zu einem Fahrradgeschäft durch. Hier kaufe ich erst einmal neue Bremsklötzchen und erkundige mich nach Fahrradlenkertaschen. Mir hat Martins Lösung ganz gut gefallen, und da meine Rucksack-mit-Spanngummis-am-Lenker Konstruktion nicht nur sehr ärmlich aussieht, sondern auch durch permanentes Stoßen auf meine Lampe diese beschädigt hat, überlege ich mir ernsthaft eine derartige Investition zu tätigen. Zumindest so lange, bis ich den Preis für dieses, zugegeben schöne, Täschchen erfahre. Über 90€ – Unverschämtheit. Somit kaufe ich nur noch eine neue Halterung für die Lampe, um diese irgendwie wieder zu richten. Nächster Stopp ist ein Allgemeinmediziner. Leider habe ich mir vor einigen Tagen in den Finger geschnitten und muss, solange ich noch in Deutschland bin, die Fäden ziehen lassen. Zum Glück schiebt mich die nette Arzthelferin kurzfristig rein. Überhaupt scheinen die Menschen in Freiburg viel freundlicher zu sein, als im gehetzten Stuttgart. Aber vielleicht liegt das auch nur an diesem wunderschönen, sonnigen Wetter, welches schon um elf Uhr über 25 °C erreicht. Die Fäden sind schnell entfernt und ich habe noch Gelegenheit mit meiner tollen Reise anzugeben. Der junge Mediziner ist sichtlich beeindruckt und neidisch auf mich. Was für ein toller Tag!

Die nächste Station auf meiner Freiburgreise ist das Pfarramt der katholischen Kirche. Das Erzbistum Freiburg ist wie Rottenburg am Neckar die örtliche Diözese und ich hoffe nun endlich, mit einem höheren Kirchenvertreter in Kontakt zu kommen. Eigentlich wäre es schön, überhaupt mit einem Priester in Kontakt zu treten. Ich erhoffe mir ein paar Tipps für die Reise. Bisher habe ich aber in keiner Kirche jemanden getroffen.

Zwar konnte ich den Bischof nicht erreichen, aber der örtliche Pfarrer hat tatsächlich ein wenig Zeit für mich. Ich bekomme meinen ersehnten Stempel und wir reden ein wenig über meine Reise. Man merkt schnell, dass nicht viele Pilger nach einer solchen Unterredung suchen. Zum Schluss beklagt sich der Pfarrer noch über die desolate Lage in einigen Gemeinden, da es zu wenig Nachwuchs gibt und Kirchenmänner immer mehr Aufgaben und Gemeinden betreuen müssen. Besonders überraschend ist die Entwicklung jedoch nicht. Es geht weiter auf meiner Tour durch Freiburg und während ich etwas esse und einige wenige private Dinge erledige, merke ich, dass Freiburg eine großartige, grüne und wunderschöne Stadt ist. Zudem gibt es hier, laut Dönerverkäufer, die größte Anzahl an Vegetariern deutschlandweit. Ob das wirklich stimmt, lasse ich mal dahingestellt. Der Falafel Döner war zumindest besser und günstiger als in Stuttgart, was mich als Vegetarier etwas neidisch macht. Einen Brief musste ich auch noch verschicken und musste dabei feststellen, dass man in den Hauptfilialen der Deutschen Post keinen einzelnen Briefumschlag kaufen kann. Ich kaufe also einen Zehnerpack und spende die restlichen neun der Deutschen Post. Danach geht es weiter in ein Sportgeschäft, da ich mir endlich meine eigene Matratze kaufen will. Ein leichtes, grünes und günstiges, mit integrierter Pumpe, erregt meine Aufmerksamkeit und wird gekauft.

So ein Fahrrad ist leider ein großer Klotz am Bein. Zwar kann man es wunderbar abschließen, aber das Gepäck ist immer noch ungeschützt. Auf einmal wird alles und jeder als potenzieller Dieb betrachtet und der Spaß am Stadtbummel vergeht sehr schnell, wenn man sich ständig Sorgen ums Fahrrad macht.

Deshalb entschließe ich mich am Fluss Dreisam die Mittagshitze zu überstehen, um am Nachmittag weiterzufahren. Sich am Fluss abzukühlen ist offenbar sehr beliebt in Freiburg. Es sind zudem Sommerferien, weshalb ich überall von jungen Leuten umgeben bin. Es sind vor allem Kinder – auch einige Franzosen – die sich durch lautes Gebrüll und Wasserspritzen bemerkbar machen. Auch Pärchen, Jungs, die durch besonders waghalsige Sprünge ins Wasser die Gunst der Mädchen erringen wollen und junge Eltern mit ihrem Nachwuchs sind dabei.

Dieses bunte Treiben vereitelt meinen Plan, gemütlich am Fluss zu sitzen und zu lesen. Trotzdem genieße ich diese Erholung. Am Flussufer fällt mir wieder eine Geschichte ein, die ich über den Jakobsweg gelesen habe. Irgendwo in Spanien soll es einen Berg geben, der an der Spitze einen uralten Steinhaufen trägt, auf dem Reisende einen Stein ablegen. Das ist eine Art Zeichen des „Lastablegens". Da ich vergessen habe mir in Stuttgart einen Stein zu besorgen, fische ich einen kleinen, roten Stein mit goldenem Schimmer aus dem Flussbett. Nicht zu klein, aber auch nicht zu schwer, genau richtig.

Zu meinem Entsetzen muss ich feststellen, dass mein Handy nicht mehr bei mir ist. Nach einer Schrecksekunde fällt mir wieder ein, dass ich es zum Aufladen in der Campingplatzrezeption gelassen hab. Also wieder zurück und Handy holen. Nach dieser erfolgreich beendeten Mission steige ich wieder auf mein Gefährt in Richtung Westen. Freiburg ist relativ groß und ich muss einige Male auf meine Straßenkarten schauen und Leute fragen, welcher Weg nach Frankreich führt. Es geht durch mehrere Vororte und ein längeres Waldstück. Nach wenigen Minuten erreiche ich eine Landstraße und biege nach links ab. Mein Ziel ist die Grenze nach Frankreich bei Bremgarten zu überqueren. Auf der Strecke komme ich an mehreren kleinen Ortschaften mitten in der oberrheinischen Tiefebene vorbei. Um mich herum sind eigentlich nur Felder und kleine Dörfer, alles sehr idyllisch. Ein Fahrradfahrer kommt mir entgegen und signalisiert mir anzuhalten. Es ist ein Franzose auf dem Weg nach Colmar der offenbar verzweifelt versucht, den Weg zu finden. Da ich kein Französisch spreche und er offenbar keine andere Sprache beherrscht, versuche ich ihm mit Richtungsdeuten und meinen Straßenkarten zu erklären, dass er die richtige Strecke entlangfährt und Richtung Nordwesten muss. Ob er den Weg jemals gefunden hat, werde ich wohl nie erfahren, aber ich finde es ganz toll, den ersten echten Franzosen auf meiner Reise getroffen zu haben. Er sah auf seinem klapprigen Fahrrad auch sehr nach typischem Franzosen aus, oder zumindest nach dem, was ich mir als typischen Franzosen vorstelle.

An dieser Stelle verleihe ich allen Orten südlich und westlich von Freiburg den Award für die schlechteste Fahrradbeschilderung Deutschlands. Mit ihrem Blick für Details haben die Verantwortlichen bewiesen, dass Straßenschilder, wenn überhaupt vorhanden, nicht dem Zwecke der Orientierung dienlich sein müssen.

Der Weg geht weiter und kurz vor 18 Uhr kaufe ich mir noch im Discounter meinen Vorrat für morgen ein. Wer weiß, wann ich die ersten Geschäfte in Frankreich finden werde. Außerdem kaufe ich noch Karottensaft, der angeblich sehr gut zur Vorbeugung von Sonnenbrand helfen soll. Schließlich erreiche ich Bremgarten und mache mich auf Richtung Autobahn. Das Überqueren über eine alte Autobahnbrücke geht recht flott und schon bin ich auf einer schmalen Straße, die sich rechts in einen Fahrradweg und links in eine einspurige Fahrbahn mit Ampelsystem teilt. Der Belag für den Radweg ist plötzlich grün und auch der aufgemalte Fahrradfahrer hat sich in seiner Form verändert. Offenbar haben die Franzosen diesen Weg gebaut und ich befinde mich auf der Grenzbrücke nach Frankreich. Schnell über den Rhein gefahren und ich bin tatsächlich in Frankreich. Was für ein Gefühl. Aus eigener Kraft habe ich es hierher geschafft.

Ein Schild auf Französisch und Deutsch klärt darüber auf, wie man versucht dem Rhein seinen natürlichen Verlauf wiederzugeben, der bei der Rheinbegradigung zum Opfer gefallen ist. Hier sehe ich auch das erste offizielle französische Straßenschild. Ein Hinweis, dass ich mich jetzt in Frankreich befinde, gibt es übrigens nirgends auch kein deutsches Hoheitszeichen. Vereintes Europa, ein Glück für mich. Das zweite Schild, auf das ich stoße, macht mich noch glücklicher. Chemin de Saint-Jacques-Compostelle 2218 km steht darauf. Mein erster richtiger Wegweiser zu meinem Ziel. Nur noch 2218 km. Auf einer Bank ruhe ich mich etwas aus und tätige meinen letzten Telefonanruf mit deutschem Netz. Die Sitzbank ist nah am Fluss und ich beschließe, mich am Rhein ein wenig abzukühlen. Außerdem kann ich bei dieser Gelegenheit meine Socken auswaschen und meine Füße abkühlen. Jetzt muss ich nur noch irgendwo einen Schlafplatz finden.

Es geht weiter einen sehr schönen und gepflegten Fahrradweg entlang nach Fessenheim. Mir fallen die großen Schleusen auf, die den Rhein bändigen. Nur wenige Hundert Meter entfernt befindet sich das Atomkraftwerk Fessenheim und man kann sehen, dass die Region, zumindest was die Fahrradwege angeht, davon profitiert. Es geht weiter Richtung Stadt und mir kommen einige französische Autos mit Jugendlichen entgegen, die offenbar nach Deutschland wollen. Natürlich, denke ich mir, denn schließlich ist es Freitag und in Freiburg wird man wohl ganz gut feiern können, oder zumindest Bier ab 16 Jahren trinken können. Fessenheim selbst ist ein sehr schöner und offenbar wohlhabender Ort, mit eigener Informationsanzeigetafel. Alles um mich herum ist natürlich auf Französisch und ich verstehe, um ehrlich zu sein rein gar nichts, bis auf die Straßenschilder. Es drängt mich weiter nach Hitzfelden. Ein wenig beruhigt es mich, dass die elsässischen Orte die deutschen Namen behalten haben. Eigentlich völlig irrational, da ich eine so weite Strecke fahren möchte und mir schon in der Grenzregion mulmig wird. Dennoch wäre es gelogen, wenn ich behaupte, dass sie nicht sehr aufregend waren, die ersten Stunden in Frankreich. Wie werden die Straßen sein, wie die Menschen? Gibt es in Frankreich genauso gut ausgebaute Fahrradwege wie in Deutschland? Was, wenn man mich beim Wildcampen erwischt? Irgendwie erscheint mir meine Reise sehr töricht – wieder einmal. Ich lasse Hitzfelden hinter mir und merke, dass der gut ausgebaute Fahrradweg nur für die unmittelbare Grenzregion gedacht ist. Offenbar für Freizeitradler, die den Rhein und seine Ortschaften entlang fahren wollen. Kurzum, der Fahrradweg hört auf und die holprige Straße beginnt.

Es wird immer dunkler und ich bin gezwungen, mein Licht einzuschalten. Immer noch ist kein Schlafplatz in Sicht und ein Campingplatzschild suche ich auch vergebens. Mein Plan war es am Ortseingang oder am Rathaus nach einem Schild zu suchen. Normalerweise interessieren mich solche Schilder nicht, aber hier und heute scheinen sie überlebenswichtig. Langsam steigt Panik auf. Ich finde rein gar nichts, was nach Campingplatz aussieht, viele Bäume gibt es hier auch nicht, sodass ich nirgendwo mein Zelt aufschlagen könnte. Es wird immer dunkler und ich falle hier jedem auf. Wirklich jeder Franzose, der auf der Straße oder in seinem Vorgarten ist, schaut mich verdattert an. Nur einer grüßt mich freundlich. Ich rufe irgendetwas zurück. Wie war noch einmal *Guten Abend* auf Französisch? Bonjour kann es ja nicht sein.

In Ensisheim, einem größeren und ganz netten Ort, gehe ich schließlich ins nächste Hotel, um mich nach einem Campingplatz zu erkundigen. Schließlich sollte man in einem Hotel an der deutschen Grenze, Deutsch oder zumindest Englisch verstehen. Zwar kann ich im Schutz der Dunkelheit in die Lobby schlüpfen, merke jedoch sehr schnell, dass dieses Hotel einige Klassen über meinem Budget und Dresscode liegt. Die junge Dame an der Rezeption ist zwar sehr unbeholfen in ihrem Englisch, jedoch reicht es aus, um mir weiß zu machen, der nächste Campingplatz sei im 25 km entfernten Mulhouse und es sei doch viel besser das spezielle Angebot für heute zu nutzen und für nur 89€ in diesem Hotel zu übernachten. Ich lehne dankend ab und mache mich weiter auf den Weg. Irgendwo werde ich schon was finden. Es ist inzwischen stockfinster und ich bekomme richtig Panik. Meine erste Nacht in Frankreich und ich hab keine Ahnung was ich tun soll. Erst einmal raus aus der

Stadt und Richtung Pulversheim. Zum Glück gibt es hier wieder einen Fahrradweg. Es wäre sonst sehr gefährlich in dieser Dunkelheit weiterzufahren, da die französischen Autofahrer für meinen Geschmack zu schnell unterwegs sind. Vor allem die jungen Fahrer mit den voll aufgedrehten Lautsprechern. Ich befinde mich wieder auf einer Landstraße und sehe zu meinem Glück viele Bäume um mich herum. Daraufhin beschließe ich, in einen Waldweg reinzufahren und mir einen illegalen Schlafplatz zu suchen. Es geht einige Meter hinein und um eine Kurve. Der Weg vor mir ist eigentlich recht breit und nicht besonders abgeschieden. Es geht weiter, bis ich mit meiner kleinen Taschenlampe ein geeignetes Plätzchen finde. Doch plötzlich sehe ich vor mir zwei Lichter auf mich zukommen. Nach wenigen Augenblicken kommt mir ein SUV mit Schweizer Kennzeichen entgegen und ich muss mich stark an den Seitenrand drängen, um nicht umgefahren zu werden. Warum der Wagen freitagabends auf einem abgelegenen Waldweg im Elsass unterwegs ist, werde ich wohl nie erfahren, jedoch bemerke ich, dass dieser Schweizer sehr wenig von Verkehrsregeln hält. Der Schlagbaum, der diesen Weg eigentlich für Fahrzeuge unbenutzbar machen sollte, wird einfach umfahren. Zumindest wird seine rechte Seite dabei mit Schlamm überzogen.

Ich mache mich daran das Zelt aufzubauen, welches überraschenderweise immer noch feucht ist. Ganz schön schwer alles herzurichten und nur eine kleine, nicht besonders helle Taschenlampe als Lichtquelle zu haben. Nach unendlichen 30 Minuten habe ich es geschafft und alles ins Zelt gepackt. Meine erste Nacht in Frankreich. Hoffentlich kommt niemand und findet mich. Ich beschließe frühmorgens aufzustehen, um Problemen aus dem Weg zu gehen. Es stellt sich jedoch heraus, dass diese Nacht ohnehin sehr kurz sein wird. Offenbar liegt die freitägliche Lieblingsbeschäftigung französischer Jugendlicher darin, mit ihren Motorrädern die Landstraßen auf und ab zu rasen, dabei einen Höllenlärm zu veranstalten und illegal campende Fahrradfahrer, die Angst haben entdeckt zu werden, wach zu halten. Außerdem fängt es gegen ein Uhr an zu regnen. Egal, dann ist eben alles nass und kalt, wäre nicht das erste Mal. Leider habe ich schon wieder Durchfall bekommen. Das einzig Gute ist, dass die neue Matratze schön weich ist und vor dem kalten Boden schützt.

Mittelalterliches Dorf Estaing

Französischer Fahrradweg entlang des Canal latéral à la Garonne

Zweiter Teil: Frankreichs Kanäle

Tag 5 – 28.07.2012
Strecke: Ensisheim – Belfort
KM: 82   Gesamtstrecke: 391 km
Zeit: 5h 56min   Uhrzeit: 07.30 – 19.50 Uhr

Es ist 06.30 Uhr und ich raffe mich langsam auf. Die Nacht war dennoch erstaunlich erholsam und ich staune über meine Fähigkeit des frühen Aufstehens. Der gestern Nacht noch so schützende Baum über meinem Zelt hat sich zu einem tropfenden Ungetüm verwandelt und ich muss wohl oder übel mein Zelt in dieser Nässe abbauen. Und das dauert eine unglaubliche Stunde. Natürlich bin ich klitschnass danach und friere etwas in der noch sehr frischen Morgenluft. Man bedenke, dass ich nur ein kurzes Fahrradtrikot und eine kurze Radler-Hose anhabe.

Fahrrad ist gepackt und ich bin bereit loszudüsen, aber da fängt es schon wieder an zu tröpfeln. Grundsätzlich ist etwas Abkühlung ganz nett, aber nicht wenn ohnehin schon alles nass ist. Zurück auf die Hauptstraße und in die nächste Ortschaft, nach Pulversheim. Hier führt mich mein erster Halt zum Geldautomaten und ich ärgere mich über die hohen Summen, die ich schon ausgegeben habe. Meine Vorstellung vom asketischen Pilgerleben muss doch stark relativiert werden. Nun werden meine letzten Vorräte aufgegessen und es geht weiter. Die Straße ist an diesem Samstag sehr stark befahren und ich versuche, eine Alternative zu finden. Nach einigen Metern fahre ich an einem Campingplatz vorbei – von wegen, der nächste ist erst in Mulhouse – und es geht weiter nach Wittelsheim. Hier sehe ich am Rand einen Supermarkt (Super U) und bin froh über die erste Möglichkeit etwas einkaufen zu können. In Freiburg habe ich offenbar die Schlüssel für meine Fahrradschlösser verloren und muss unbedingt ein neues Schloss kaufen – zum Glück konnte ich die alten Schlösser problemlos entfernen. Ein Baguette, etwas Käse und süße Brötchen mit Schokoladenfüllung werden gekauft. Eine Kette, die jedoch nicht besonders stabil erscheint und einen Autoatlas für ganz Frankreich packe ich auch noch ein. Zum Glück hat mich die Kassiererin nicht nach irgendwelchen Kundenkarten gefragt und kann unbehelligt zu meinem zum Glück noch vorhandenen Fahrrad flitzen. Die Straßenkarte sollte sich als absoluter Glücksgriff erweisen. Nicht nur, dass sie sehr detailliert ist und jede noch so kleine Straße und Steigung anzeigt. Sie hat auch Fahrradwege eingezeichnet. Langsam ziehen mein Fahrrad und ich Blicke auf sich und ich werde von einem älteren Herrn angesprochen. Da ich ihn nicht verstehe, sage ich nur „allemand", woraufhin er sehr schnell das Weite sucht.

Es geht weiter Richtung Cernay und gleich am Ortseingang entdecke ich ein Fahrradgeschäft. Hier kann ich ein richtiges Schloss kaufen und dann geht es auch schon weiter Richtung Thann. Die Landschaft hier ist sehr interessant und überraschenderweise ganz anders als in Deutschland. Ich sehe viel Wald und unglaublich viele Maisfelder am Straßenrand. Es ist immer noch recht flach, aber die Vogesen sind am Horizont schon gut erkennbar. Etwas komisch ist es schon in Frankreich zu fahren. Natürlich weiß ich, dass es noch einige Tage so weitergehen wird, aber man kann sich die Situation, morgens alleine irgendwo in der Elsässer Pampa herumzufahren, kaum vorstellen. Hier fängt es wieder etwas stärker an zu nieseln und so fahre ich bis nach Thann. Laut meinem schlauen Radreiseführer ist dieser Ort sehr wichtig für frühere Pilger gewesen und in der Tat ist die Kirche sehr imposant und ich bin froh in der ersten größeren Ortschaft zu sein. Ich kann einen Stempel ergattern und mich etwas mit dem Pfarrer unterhalten, der erstaunlicherweise gut Deutsch kann, das er bei einem „Austausch" in Deutschland gelernt hat. Ziemlich überrascht ist er dann aber schon, als ich ihm von meinem Plan erzähle nach Spanien zu fahren. Ob ich denn wüsste, dass es um die vier Monate zu Fuß sind? Leider musste er wieder schnell weiter, um eine weitere Taufe und zwei Hochzeiten abzuarbeiten. Sehr geschäftiger Mann.

Diesmal bin ich in die falsche Richtung gefahren, habe es aber zum Glück noch rechtzeitig gemerkt. Die Markierungen am Straßenrand sind zwar ganz hilfreich, wollten mich aber direkt durch die Vogesen führen und darauf hatte ich keine Lust. Mein eigentliches Ziel für heute ist Belfort und ich muss mich sehr sputen, wenn ich es heute noch erreichen möchte. Wieder verfahre ich mich etwas und nehme unnötigerweise ein paar Berge mit, die mich einige zusätzliche Kilometer kosten. Außerdem merke ich auch, dass die Berge langsam ihre schützende Wirkung verlieren, da es immer windiger wird, je weiter ich in den Süden fahre. Nach einigen Stunden erreiche ich Belfort und muss feststellen, dass mein Vorderreifen einen Platten hat. Dann komme ich auch noch an ein paar Polizisten auf Fahrrädern vorbei, die mich entgegen meiner Befürchtungen keines

Blickes würdigen. Zum Glück schaffe ich es ins örtliche Tourismusbüro, wo mir die englischsprachigen Damen von einer nahegelegenen Jugendherberge erzählen.

An dieser Stelle lohnt es sich ein Resümee über alle verlorenen, beziehungsweise kaputtgegangenen Dinge an meinem Fahrrad zu ziehen:
- Vorderlampe hängt kläglich herunter
- Platten im Vorderreifen
- Schlüssel für beide Schlösser verloren
- die Gangschaltung ist manchmal etwas zickig
- etwas knattert im Pedal-Innenlager
- das Standbein hat seinen Gummi-Fuß verloren
- meine Kopfhörer haben die Abdeckung verloren

Und es ist erst Tag 5!

Ich schaffe es letzten Endes und dank meiner tollen Straßenkarte zur Jugendherberge. Der freundliche Herr an der Rezeption gibt mir ein Zimmer und zeigt mir, wo ich mein Fahrrad deponieren kann. Er legt großen Wert darauf, dass alles verschlossen sein muss – „Belfort is not safe!" In der Tat ist diese Stadt sehr dubios. Es liegt überall Müll herum. Die Stadt ist eine einzige große Baustelle und mir fällt der hohe Migrantenanteil auf. Oben in meinem großen und eigentlich ganz netten, aber stickigen Zimmer, in dem das Bett nicht gemacht ist, packe ich alles aus und dusche erst einmal. Danach werden die letzten braunen Bananen gegessen und ich überlege mir, ob ich vor der Reparatur meines Vorderreifens etwas essen sollte. Es ist schon fast 21 Uhr und die Straßen, auf denen überall Jugendliche mit Mofas und voll aufgedrehten Autoradios herumlungern, sind alles andere als einladend. Somit entschließe ich mich meinen Reifen zu reparieren. Schnell stellt sich heraus, dass ich zwar sehr viel Werkzeug dabei habe, jedoch nicht den richtigen Schraubenschlüssel für mein Vorderrad. Außerdem ist die tolle Fahrradpumpe völlig wirkungslos. Das ist alles sehr unbefriedigend und in mir steigt etwas Panik auf. Meine erste große technische Hürde und mein Werkzeug versagt in irgendeiner verkommenen französischen Stadt. Außerdem ist morgen Sonntag und ich glaube kaum, dass die Geschäfte geöffnet haben. So wird die Aktion auf morgen vertagt. Jetzt kann ich endlich schlafen.

Ein Wort zu Frankreich: Ich muss zugeben, dass ich bisher sehr überrascht bin. Es fährt sich deutlich besser als gedacht und das Elsass ist sehr schön, wenn auch etwas ärmlich. Es erinnert mich sehr an Polen, auch wenn die Häuser etwas besser sind; zumindest ist die Fassade bemalt und nicht nur grau. Lediglich Belfort ist eine wirkliche Enttäuschung. Die Fahrradwege sind noch sehr bescheiden – bisher gab es sie auch nur an der Grenze – aber noch ist nicht aller Tage Abend.

Tag 6 – 29.07.2012

Strecke: Belfort – Besançon

KM: 131 Gesamtstrecke: 523 km

Zeit: 7h 19min Uhrzeit: 10.00 – 20.00 Uhr

Ein echtes Bett ist einem Zelt eindeutig vorzuziehen. Ich schreibe diese Zeilen hier schon aus Besançon, einer ganz schönen Stadt mit steilen Hängen und einer riesigen Baustelle im Stadtkern. Eigentlich wollte ich noch weiter fahren, aber das war wirklich nicht möglich. Durchfall hat mich wieder ergriffen, was so langsam nicht mehr schön ist und mein Hintern tut unglaublich weh. Letzteres ist jedoch absehbar gewesen. Am stolzesten bin ich aber auf die Tatsache, dass ich um zehn Uhr losfahren konnte. Gleich nach dem Frühstück im Hostel mit dem wohl schlechtesten Croissant der Welt, wollte ich endlich mein Fahrrad reparieren. Also raus auf den Platz vor der Garage und wieder diese lustige Pumpe ausprobiert. Nachdem ich die mittlerweile zerschmetterte Pumpe entsorgt habe – dämlicher Plastik-China-Müll – packe ich alles zusammen und mache mich auf die Suche nach einer Tankstelle. Wenn deutsche Tankstellen Luftpumpen haben, dann hoffentlich auch französische. Ich habe Glück, denn meine erste wahllos eingeschlagene Richtung führte zum Erfolg. Zwar keine Tankstelle, aber eine SB-Waschanlage mit elektrischer Luftpumpe. Die sind etwas anders als die deutschen kostenlosen, mobilen Geräte. Ein Kasten mit Schlauch, in den man Geld wirft und der danach einige Sekunden lang Pressluft zur Verfügung stellt. Zuerst muss aber der Reifen geflickt werden. Das Loch ist schnell gefunden, aber leider ist es direkt neben der Naht, was das Flicken sehr erschwert. Drei Vulkanisierungskleber und eine Stunde später ist das Loch endlich verschlossen und der Reifen startklar. Was sich hier so einfach schreibt, war ein wirkliches Wunder und es hat heute schon 130 Kilometer gehalten.

Raus aus dieser schrecklichen Stadt und nach einigen Kilometern komme ich an einen Kanal und auf einen Fahrradweg. Eine solche Strecke habe ich noch nie gesehen. Direkt neben dem Fluss entlang Kilometer um Kilometer. Eine wunderschöne Strecke an diesem Morgen. Angler versuchen ihr Glück als ich vorbeifahre und es kommen mir viele Fußgänger und auch Radfahrer entgegen. Dazu ist der Weg flach und dementsprechend sehr einfach zu befahren. Bei Montbéliard komme ich auf einen weiteren Radweg entlang des Flusses Doubs, der mich bis nach Besançon führt. Kaum zu glauben, aber diese Strecke ist noch schöner. Entlang des Flusses durch Täler und an steilen Hängen vorbei immer am Fluss entlang. Dieses Teilstück ist sehr gut ausgebaut und gehört dem europäischen Radnetz „Eurovelo" an. Dieses Stück ist Teil von Eurovelo 6, welches von Nantes in Frankreich bis nach Bukarest führt. Auf dem Weg treffe ich sogar eine deutsche Radfahrerin, erkennbar an ihrem Anti-Stuttgart21 Aufkleber auf dem Fahrrad. Ihr Weg führt sie in die Provence und sie ist ebenfalls ganz alleine unterwegs. Mutig in diesem Alter. Obwohl die Fahrt sehr entspannt ist und man gut vorankommt, nervt es dann doch ein wenig den Fluss entlangzufahren. Die unendlich vielen Kurven verwandeln die eigentlich nicht besonders lange Strecke nach Besançon zu einer sehr langen Fahrt. Nach etwa 75 Kilometern fangen meine Knie und mein Hintern an wehzutun und das mangelhafte Essen macht mich nach etwa 100 Kilometern völlig müde. Dennoch strample ich tapfer weiter und genieße das schöne Wetter und die angenehme Kühle des Flusses.

In Besançon gehe ich zuerst einkaufen. Vor dem Supermarkt verspeise ich meinen Joghurt und kann dabei die Leute beobachten. Etwas komisch sind einige von denen schon, zum Beispiel ein junger Franzose etwa Mitte 20. Er saust auf seinem klapprigen Mofa bis an die Eingangstür und parkt widerrechtlich mitten auf dem Weg. Da ihm dieser Auftritt offenbar noch nicht gereicht hat, kündigt er sein Erscheinen durch seine Hupe an und steigt ab. Das Gesicht und die Klamotten sind das menschgewordene Klischee eines schleimigen Südeuropäers und die Körpergroße passt ebenfalls dazu. Immerhin denke ich mir: Das Arschloch kündigt sich an, bevor es einen auf dicke Hose macht. Nach dieser Komödie muss ich das Hostel suchen. Die Tourismuskarte ist etwas umständlich gestaltet, aber mir wird wieder einmal bewusst, wie wichtig solche scheinbar veralteten Informationsformen sind. Eine andere wichtige Informationsquelle sind die Straßenmarkierungen, genauer gesagt die Kilometersteine hier in Frankreich. Diese haben einen unglaublich wichtigen Wert für die Psyche und man weiß immer mehr oder weniger, wo man sich befindet. Unsere deutschen (Mini-)Schilder dagegen sind nicht halb so gut.

Das erste Hostel hat mich abgewiesen mit dem Hinweis, ich hätte vorher anrufen sollen. Es gibt aber zum Glück noch ein

Zweites und der Hausmeister hat mich problemlos reingelassen. Und das, obwohl es Sonntagabend ist. Eigentlich kann ich mich nicht beklagen, auch wenn mein Fahrrad immer mehr anfängt, zu knarren und zu knacken. In der örtlichen Kebab-Stube genehmige ich mir ein paar Pommes und unterhalte mich etwas mit dem „Koch". Er ist sehr nett, und als er von meinem Vorhaben erfährt, ist er total begeistert. Außerdem schwärmt er von Deutschland und Stuttgart und berichtet stolz von seiner Schwester, die bei Bosch in Stuttgart-Feuerbach arbeitet.

Morgen möchte ich bis nach Beaune fahren. Ich hoffe es klappt.

Tag 7 – 30.07.2012
Strecke: Besançon – Verdun sur-le-Doubs
KM: 121   Gesamtstrecke: 645 km
Zeit: 6h 49min   Uhrzeit: 08.30 – 20.50 Uhr

Mein heutiger Weg führt mich über Dole nach Verdun sur-le-Doubs. Der Fahrradweg nach Dole ist wieder einmal sehr schön, aber so langsam wird die ständige Fahrt am Fluss entlang etwas eintönig. Viel schlimmer ist jedoch meine Müdigkeit heute. Das liegt wahrscheinlich an der Anstrengung und dem kurzen Schlaf. So wirklich Lust habe ich nicht auf die Fahrt heute. Hinzu kommt, dass es etwa 35 °C sind und die Sonne gnadenlos meine letzten Tropfen Schweiß als Tribut einfordert.

In Dole setze ich mich erst mal in ein Café, um etwas zu essen. Dies ist sonntagmittags in Frankreich schwieriger als gedacht. Die ganze Stadt ist wie ausgestorben, nur ein paar Niederländer und ich gehen durch die mittelalterlichen Gassen. Meine Suche nach einer geöffneten Pizzeria bleibt erfolglos und ich muss mich offenbar damit abfinden, dass man in Frankreich ebenfalls Siesta hält. Das einzig offene Café habe ich neben der Notre Dame der Stadt gefunden, einem sehr beeindruckenden Monument und mir erst mal ein Bier und einen Salat bestellt. Viel mehr hatte die Speisekarte nicht zu bieten. Das Bier war ein Fehler, denn Brauen können die Franzosen überhaupt nicht, aber der frische Salat war lecker und endlich konnte ich meinen leeren Magen füllen. Das wird mir eine große Lehre sein, am Samstag nicht für den Sonntag einzukaufen.

Der Weg scheint mir heute nicht besonders attraktiv und ich entschließe mich einfach irgendwo einen Campingplatz zu suchen und dort zu schlafen. Während meiner Fahrt kommen mir immer wieder einige Radfahrer entgegen. Hoffentlich werde ich ab Le Puy-en-Velay mehr Pilger und Abenteurer kennenlernen. Immerhin ist das der Knotenpunkt aller südlichen Jakobswege in Frankreich. Nach einer Stunde mache ich mich wieder auf den Weg und auch die Straßen füllen sich wieder etwas. Die weitere Strecke hat mich zum Glück völlig für die Strapazen der letzten Tage entschädigt. Diesmal bin ich nicht immer auf Radwegen und kann einen tieferen Einblick in französische Landstraßen und die Dorfkultur erhalten. Der Abschnitt ist der schönste, den ich bisher auf der Strecke gesehen habe. Kilometerlang über flache Landstraßen, die völlig verlassen und von Feldern und Wäldern umgeben sind. Dazu ist die gesamte Region in den goldenen Glanz der untergehenden

Sonne getaucht. Es fällt zudem auf, dass jedes französische Dorf gleich aufgebaut ist. Eine Grundschule, eine Kirche samt Denkmal für die gefallenen Soldaten im Ersten Weltkrieg und ein Rathaus. Sehr charmant diese Konstellation, allerdings hebt sich kein Dorf vom Anderen ab. Beflügelt durch diese Landschaft schaffe ich es bis nach Verdun sur-le-Doubs und steuere gleich den ersten Campingplatz neben dem Fluss an. Dieser hat wie die meisten Campingplätze in Frankreich um 20 Uhr zugemacht, aber dank des schlanken Fahrrads kann ich mich problemlos neben dem Schlagbaum durchschlängeln. Zelt aufgebaut, ausgiebig geduscht und auf die Matratze zum Schlafen gelegt. Meine Sachen fangen zwar langsam an zu miefen, aber damit muss ich mich wohl abfinden.

Viele Menschen, die ich bisher getroffen habe, waren ein wenig merkwürdig. Es fällt auf, dass alle Männer hier irgendwie gleich aussehen. Die Jungen haben alle den „Hip-Hop-Style" perfektioniert und die Älteren sind entweder elegant gekleidet oder, und das ist leider die Mehrheit, irgendwie schmierig und unseriös. Es fällt mir wirklich schwer das zu sagen, aber die meisten Männer hier sehen schlichtweg wie Obdachlose aus. Dies erklärt auch meine ständige Sorge um mein Fahrrad. Außerdem wirkt jedes zweite Haus baufällig und die Straßen sind teilweise eine echte Katastrophe. Es fällt mir deshalb etwas schwer, diesem Abschnitt gerecht zu werden. Die Natur ist wunderschön und einige Abschnitte sind atemberaubend imposant. Und natürlich war nicht jeder Franzose, dem ich begegnet bin, unfreundlich, abweisend und ungewaschen. Vielleicht wird sich das ändern, wenn ich diese Region verlassen habe.

Tag 8 – 31.07.2012
Strecke: Verdun sur-le-Doubs – Cluny
KM: 89 Gesamtstrecke: 735 km
Zeit: 5h 31min Uhrzeit: 08.45 – 19.00 Uhr

Ein Campingplatz in Flussnähe ist zwar sehr schön, jedoch morgens etwas zu ausgekühlt für meinen Geschmack. Um zwei Uhr nachts musste ich mich wärmer einpacken und um vier Uhr hat irgendein beschissenes Tier oder eine Frau, angefangen zu schreien. Ohropax rein und noch wärmer anziehen. Das Zusammenpacken hat etwas länger gedauert, da wieder einmal alles nass vom Tau war. Zudem schmerzen meine Finger seit einigen Tagen morgens. Vor allem wenn es kalt ist, ist es ein penetranter stechender Schmerz, als ob ich tausend kleine Wunden in den Fingern hätte. Natürlich kann man damit nichts tasten, weshalb das Aufräumen und Fahrradbepacken nochmals erschwert ist. Am Schlagbaum vorbei, und da offenbar noch alles zu ist, fahre ich ohne bezahlt zu haben weiter. Auf zum nächsten Bäcker für Croissant und Eclair. War superlecker. Das können die Franzosen wirklich gut. Außerdem kaufe ich ein paar Pfirsiche ein.

Meine Fahrt führt mich nach Chalon-sur-Saône, einer größeren Stadt mit nettem Marktplatz. Hier kühle ich mich etwas in der Kirche ab, welche völlig verlassen ist und wo kein Stempel ausgelegt ist. Komisch, nachts ist es immer kalt und tagsüber sehr heiß. Dabei dachte ich, hier im Süden wird das Thermometer nie unter 20 °C sinken. So kann man sich irren.

Mich erschlägt die Müdigkeit und ich nicke sogar kurz ein. Ich habe nicht einmal wirklich Lust mir die Stadt anzuschauen. Da ich große Angst um mein Fahrrad habe, gehe ich immer wieder raus, um nach dem Rechten zu sehen. Als ein Obdachloser zum wiederholten Mal in der Nähe herumlungert, entschließe ich mich etwas weiter zu fahren und kein Risiko einzugehen. Endlich finde ich sie, meine erste offene Pizzeria in Frankreich. Ich weiß nicht genau warum, aber ich habe schon seit langem Lust auf diese Pizza, obwohl ich sonst auch immer nur Brot, Tomaten und Käse zu mir nehme. Und Süßigkeiten natürlich.

Chalon-sur-Saône wird in der darauffolgenden Stunde in meine persönliche Städte-Feindesliste aufgenommen. Gefühlte 30.000 Nebenstädtchen, eine total verwirrende Beschilderung und die besagte Stunde später, habe ich diesen Höllenschlund endlich verlassen. Natürlich ist das Tourismusbüro geschlossen, weshalb ich keine Ahnung habe, in welche Richtung ich eigentlich fahren soll und ob es in der Nähe etwas Interessantes zu entdecken gibt. Aber das wundert mich bei dieser Stadt nicht wirklich. Heute ist ein ganz schlechter Tag für meine Verfassung und ich fühle mich von Minute zu Minute schlechter. Zudem macht sich ein Sonnenbrand auf meinen Oberschenkeln bemerkbar. Endlich erreiche ich die richtige Straße und suche mir erst mal ein kühles Plätzchen, um die Schrecklichkeit dieser Stadt zu verarbeiten. Hier döse ich noch einmal kurz ein und habe die Chance meine mittlerweile zermatschten Pfirsiche wegzuwerfen. Jetzt stinkt meine ganze Tasche danach.

Es geht weiter und ich fahre Kilometer um Kilometer Richtung Cluny. Dort, so mein fester Entschluss, werde ich erst mal einen Tag Pause machen. Es ist etwas windiger als in den letzten Tagen, aber ich bin zu müde, um mich darüber aufzuregen. Irgendwie ist mein Gehirn wie leer gefegt. Ich strample nur noch Kilometer für Kilometer und nähere mich meinem Ziel. Ein komischer Zustand ist das, nichts zu fühlen, einzig das Ziel vor Augen.

Schließlich komme ich auf einen Fahrradweg, der mich direkt nach Cluny führt, ein herrlicher Weg, umsäumt von Bäumen und kerzengerade. So etwas habe ich ebenfalls noch nie gesehen, keine Biegung, immer geradeaus über mehrere Kilometer. Fast wie auf irgendeinem amerikanischen Highway. Auf der linken Seite kann man obendrein ein Schlösschen samt Garten und Pavillon auf einer Insel im Fluss sehen, das Château de Cormatin. In Cluny angekommen geht es gleich auf den Campingplatz. Dieser ist sehr gepflegt und sehr gut ausgestattet. Sogar einen Swimmingpool gibt es hier. Habe mir gleich am Eingang eine Flasche Weißwein gekauft (Chardonnay Mâcon-Villages) und dann mein Zelt aufgebaut. Um mich herum sind ausschließlich Niederländer. Wir kommen ins Gespräch und natürlich auf meine Reise zu sprechen. Alle sind sehr nett und geben mir sogar einen Campingstuhl, Orangensaft und eine Honigmelone. Damit kann ich den Abend entspannt ausklingen lassen, auch wenn der Wein nicht besonders ist. An die Württemberger Rebsorten kommt nun mal kein französischer Tropfen heran. Cluny selbst sieht auf den ersten Blick nach einem schönen kleinen, mittelalterlichen Städtchen aus, in dem natürlich jedes Geschäft um 18 Uhr schließt. Morgen werde ich den ganzen Tag hier verbringen und ausschlafen. So wirklich will mein Gehirn aber nicht abschalten, permanent denke ich über Sachen nach, die ich noch zu erledigen habe. Meine deutsche Mentalität alles gerne geplant zu haben, schlägt sich doch wieder durch, obwohl ich auf dieser Reise endlich mal „abschalten" will. Mal schauen, ob es im weiteren Verlauf klappt. Immerhin ist es erst Tag acht und ich habe schon über 700 Kilometer hinter mir.

Tag 9 – 01.08.2012
Strecke: Cluny
KM: 0   Gesamtstrecke: 735 km
Zeit: 0 min   Uhrzeit: -

Das mit dem Ausschlafen klappt immer noch nicht so gut, trotzdem war der Tag ein voller Erfolg. Den ganzen Tag über habe ich eigentlich nichts gemacht und darauf gewartet, dass diese unerträgliche Hitze abnimmt. Ich spüre förmlich, dass die Sonne meine Haut versengt, wenn ich auch nur wenige Augenblicke im Sonnenlicht stehe. Gegen 14 Uhr traue ich mich kurz ins Schwimmbad, um meine extra für solche Anlässe mitgenommene neue Badehose einzuweihen. Allerdings sind die Schwimmer etwas zu langsam, weshalb ich mich mit etwas rumplanschen begnügte. Zum Glück bin ich nach wenigen Minuten wieder gegangen, denn das Sommergewitter, welches kurz danach einsetzt, hat zu einer panikartigen Räumung des Freibads geführt.

Meine Klamotten, die ich zum ersten Mal waschen und richtig trocknen lassen kann, sind natürlich wieder nass geworden. Hoffentlich trocknen die bis morgen wieder. Das Waschen gestaltet sich übrigens als sehr schwierig. Nicht nur, dass die Waschbecken bisher kein warmes Wasser hatten, es bleibt auch nicht genügend Zeit zum Trocknen und nachts setzt sich durch die Kühle auch noch etwas Tau ab. Meine erste wirkliche Aufgabe für heute führt mich zum Kloster von Cluny. Viel ist davon nicht mehr übrig, allerdings wird sich sehr gewissenhaft um die noch verbliebenen Reste gekümmert. Laut meinem schlauen Buch (Reiseführer) gibt es auch guten Grund die alten Gemäuer zu erhalten. Das Kloster in Cluny war mal das größte Gebäude Europas, also des christlichen Europas, und die Abtei hatte einen Einfluss auf ganz Frankreich und Spanien. Zugegeben, die Größe ist beeindruckend und ein Besuch lohnt sich definitiv. Nachdem der Stempel geholt ist, schlendere ich ein wenig durch die Straßen und finde zum Glück ein Internetcafé, in dem ich endlich zuhause anrufen und einen Blick auf meine E-Mails werfen kann. Ganz loslassen kann ich doch nicht. Dummerweise ist der Geldbeutel im Zelt geblieben und da das Geschäft in zehn Minuten schließen soll, habe ich nicht genügend Zeit, um zum Campingplatz zu flitzen. Hier begegne ich einer netten Französin. Während ich den übergewichtigen und etwas muffelnden Ladenbesitzer darum bitte, ein paar Minuten zu warten, kommt sie auf uns zu und sagt mir im perfekten Englisch, dass sie die Rechnung übernehmen wird. Anscheinend hat sie das Gespräch mit meiner Mutter belauscht und gehört, dass ich Polnisch gesprochen habe. Vor vielen Jahren hatte die Frau offenbar einen „nice polish boyfriend" und ist gerne bereit den Betrag zu begleichen. Das ist natürlich wunderbar und so kann ich unbehelligt den Laden wieder verlassen.

Dennoch bleibt das Problem mit dem fehlenden Geldbeutel. Also zurück zum Campingplatz und wieder in die Stadt. Nicht alle Geschäfte machen um 18 Uhr dicht, weshalb ich mir ein Eclair und weitere Süßigkeiten kaufen kann. Die sind sehr lecker, aber mit 5.60€ eigentlich viel zu teuer. Ich wandere weiter durch die Stadt und muss sagen, dass sie wirklich sehr schön ist. Mir bleibt nichts anderes übrig, als irgendwo essen zu gehen, wobei sich das sehr komisch anfühlt, wenn man alleine in einem Restaurant sitzt und um einen herum nur Pärchen und Familien dinieren. Das war abzusehen. Das Restaurant selbst ist offenbar das teuerste in ganz Cluny, aber das Einzige mit englischer Speisekarte. Ein alter Bauernhof wurde hierfür umgebaut und wird nun als italienisches ristorante von einigen jungen Leuten geführt. Ich nehme mal an, dass die meisten Campingplatzbewohner so wie ich nichts mit französischer Küche anfangen können. Zum Glück beherrschen alle Englisch und die Pasta ist sehr gut. Ganz lustig so junge Menschen im Anzug und stilecht mit Serviette um den Arm zu sehen, aber eigentlich sind alle sehr sympathisch. Nur die deutsche Familie am Nebentisch beschwert sich über die angebliche Unprofessionalität des Personals.

Insgesamt war der heutige Tag doch sehr entspannend und tat richtig gut. Ab jetzt wird es nämlich richtig spannend, da ich morgen die ersten Ausläufer des französischen Zentralmassivs erklimmen werde. Morgiges Ziel ist Boën-sur-Lignon.

Tag 10 – 02.08.2012
Strecke: Cluny – St. Germain Laval
KM: 128   Gesamtstrecke: 863 km
Zeit: 7h 19 min   Uhrzeit: 07.10 – 19.00

Und wieder geht es im Morgengrauen raus. Heute sogar besonders früh und ich werde mit einem, in Morgenrot getauchtes, Cluny dafür entlohnt. Leider sind das Trikot und die Radlerhose immer noch etwas feucht, weshalb ich ein wenig bibbere und die Nässe auf der Haut spüre. Doch das soll sich wenig später als sehr angenehm herausstellen, denn die ersten Berge kommen auf mich zu.

Um es auf den Punkt zu bringen: Es war die Hölle. Etwa 30 Minuten lang bin ich Zentimeter um Zentimeter im zweiten Gang den Berg hochgeschlichen, nur, um auf dem „Gipfel" zu erkennen, dass das erst der Anfang war. Zum Glück sind die anderen Aufstiege nicht mehr ganz so steil und mein Schwitzen hält sich durch das nasse Shirt und die kühle Morgenluft in Grenzen. Auf dem Weg komme ich durch einige Dörfer und werde zeitweise sogar von ein paar Hunden verfolgt. Glücklicherweise fahren zu dieser Tageszeit noch keine Autos, wobei sich mir die Frage aufdrängt, ob hier am Ende der Welt überhaupt Autos entlangfahren. Seit heute versuche ich exakt nach diesem lustigen Radpilger-Reiseführer zu fahren und verfluche diesen dummen und idiotischen Autor. Nach einigen Minuten des wütenden Herumschreiens muss ich aber einsehen, dass ich selbst wohl dieselbe Route gewählt hätte.

Am finalen Gipfel angekommen, gibt es eine kleine Pause und das letzte Schokobrötchen wird verputzt. Nun geht es den Berg wieder runter. Hier passiere ich auch die Grenze zum nächsten Departement, die Rhône-Alpes und komme in ein kleines Städtchen namens La Cayette. Natürlich hat sowohl das Tourismusbüro als auch die Kirche geschlossen, obwohl die Öffnungszeiten etwas anderes sagen. Also weiter in Richtung der Berge am Horizont. Die Landschaft ist nun deutlich hügeliger und zerklüfteter, dennoch dominiert die Landwirtschaft das Bild. Vor allem Mais wird hier überall angebaut, aber leider sind die Kolben noch nicht erntereif. Die nächste Ortschaft ist Chalencón, in der ich endlich meinen nächsten heiß ersehnten Stempel bekomme und somit die erste Seite im Buch voll habe. Langsam erkenne ich die Faszination daran und kann Briefmarkensammler etwas mehr verstehen. Jetzt sitze ich in Pouilly und mache Mittag. Eine gute Möglichkeit die immer noch feuchten Sachen in die Sonne zu legen und meine Route ein wenig zu planen. Wenn ich heute Boën-sur-Lignon und morgen Le Puy-en-Velay erreiche, habe ich schon fast die Hälfte des Weges hinter mir und kann am 10. August in Spanien sein. Wäre super, aber mein Zeitpuffer reicht bis zum 15. Ein bisschen Sorgen macht mir der Aufstieg nach Le Puy, immerhin muss ich auf 1.400 Meter.

Der folgende Streckenabschnitt ist die reinste Hölle. Nicht nur, dass der Aufstieg mörderisch ist, der von heute Morgen war ein Witz dagegen, die Hitze bringt mich auch fast um den Verstand. Mitten auf der Strecke geht dann auch noch das Wasser aus und der nächste Ort, St. Germain Laval, in dem ich heute schlafen möchte, ist 25 Kilometer entfernt. In meiner Verzweiflung bin ich extra in ein kleines Dorf hinauf gefahren, in dem es aber natürlich keinen Supermarkt gibt. In größter Not habe ich sogar eine halb volle Wasserflasche am Straßenrand aufgehoben, habe aber nicht aus ihr getrunken. Die sollte nur als absolute Notfalllösung dienen und wer weiß, ob wirklich Wasser in ihr steckt. Gerettet hat mich wohl nur der letzte Abschnitt, der zum Glück bergab ging und mich direkt zum nächsten Supermarkt führte. Hier trinke ich erst mal eine ganze Flasche Wasser aus und ruhe mich auf dem ausgestellten Gartenstuhl im klimatisierten Innenbereich aus. Man kann buchstäblich sehen, wie ich transpiriere. Ich bin unendlich froh, dieses Martyrium überlebt zu haben. Danach wird eine Packung Chips, Cola, Wein und noch einmal zwei Flaschen Wasser gekauft. Das soll mir nicht noch einmal passieren. Leider kann ich mein Ziel heute nicht ganz erreichen, aber die heutige Leistung war dennoch übermenschlich und reicht völlig aus. Auf dem Campingplatz angekommen mache ich mich am Wein und den Chips zu schaffen und genieße die immer kühler werdende Luft. Wieder einmal ist der „grand vin" enttäuschend aber trotzdem besser als das Bier hier. Vielleicht liegt es daran, dass ich den falschen Wein kaufe, aber wie soll man das bei so vielen Sorten wissen? Morgen werde ich Le Puy sicherlich nicht erreichen und hoffe, dass sich die heutige Tortur nicht wiederholen wird, wenn ich im Zentralmassiv bin.

Tag 11 – 03.08.2012

Strecke: St. Germain Laval – Retournac

KM: 109　　　　　　　　Gesamtstrecke: 972 km

Zeit: 6h 14 min　　　　　Uhrzeit: 07.30 – 19.30

Es soll sich herausstellen, dass es noch viel schlimmer werden kann. Dies war nur der angenehme Beginn einer von Rückschlägen und Todesgipfeln gespickten Höllenfahrt in das Herz Frankreichs. Begonnen hat es schon in der Nacht: Meine Matratze hat irgendwo ein Loch und die Nacht auf Stöcken und Steinen war nicht besonders angenehm. Da der Campingplatz wieder an einem Fluss liegt, ist es morgens sehr kühl und ich kann meine Finger nicht mehr richtig benutzen. Dieser Schmerz ist unbeschreiblich und wird immer schlimmer. Vor allem wenn man etwas ziehen, drücken oder zusammenbinden muss. Im kalten Fahrtwind kommt es einem dann vor, als ob die Finger abfallen, sogar die Bremsen betätige ich unter großen Schmerzen. Und das, obwohl ich diese tollen Fahrradhandschuhe habe.

In Boën angekommen suche ich mit knurrendem Magen und sehr schlechter Laune einen Supermarkt auf. Es gibt hier einen der übertreuerten Mini-Märkte, der jedoch noch geschlossen ist. Also weiter in die nächste Ortschaft zum hiesigen Bäcker, der auch keine Sensation ist. Aber jetzt geht es mir zumindest etwas besser. Es wird auch wieder wärmer und ich muss mich sputen, um die Zeit, in der ich fahren kann, optimal auszunutzen. In Montbrison gibt es den nächsten Stempel und einen sehr schönen Dom zu besichtigen. Mein Weg führt mich diesmal über die D8, eine stark befahrene Straße, auf der mich zahlreiche Autos und Laster überholen. In Saint-Rambert gehe ich in den kühlen Innenhof einer ganz netten Kirche – 11. Jahrhundert – und warte die Mittagshitze ab. Langsam merkt man, dass ich mich südlichen Gefilden nähere, da die Landschaft immer steiniger, ausgetrockneter und sandiger wird. Die tolle Straßenkarte zeigt mir zwei Anstiege an und ich verliere immer mehr die Lust an meinem Vorhaben. Auch der nette mittelalterliche Stadtkern des Städtchens kann mich nicht wirklich aufbauen.

Um etwa 14 Uhr mache ich mich wieder auf den Weg und folge einer stark befahrenen Straße. Leider ist das Naturidyll Industrie und Schwerverkehr gewichen, aber ich bin dennoch sehr froh über den guten Zustand der Straße und dem Seitenstreifen. An dieser Stelle merke ich wieder, wie wichtig Straßenmarkierungen und eine gute Straßenkarte sind. Ohne diese psychische Unterstützung wäre mir die Lust völlig vergangen.

Im nächsten Städtchen gehe ich wieder zu einem Bäcker, um noch ein paar schnelle Kalorien zu bekommen. Auf der Theke steht ein Schild, dass ich als drei Croissants und drei Schokotaschen für drei Euro interpretiere. Die nette, junge Verkäuferin hat mein etwas wortkarges auf-das-Schild-deuten und gestikulieren richtig verstanden und gibt mir sogar vier Croissants. Na also!

Der nun folgende schreckliche Aufstieg, zuerst auf der Hauptstraße und dann zum Glück auf einer Landstraße, verbrennt die Schokotaschen in Windeseile. Wiedermal 40 Minuten im ersten Gang hochstrampeln ist angesagt. Ab und zu überholt mich ein Tour de France Fahrradfahrer auf seinem Rennrad, aber ich kann mit Genugtuung feststellen, dass die auch zu kämpfen haben. Belohnt werde ich durch eine flotte und sehr schöne Talfahrt an den Fluss Loire. Es geht über eine moderne Brücke ins Tal. Auf der rechten Seite ist eine romantische Eisenbahnbrücke zu sehen und vor mir das wunderschöne Tal mit kleinen Dörfern auf den Hängen und strahlendem Sonnenschein. Ich suche mir ein schattiges Plätzchen am Wasser und mache mich daran, meine Matratze zu flicken. Unglücklicherweise geht mein Plan, die Matratze mit dem Fahrradflickzeug zu reparieren, unter meinem wütenden Blick, nicht auf und mir bleibt nur noch die Hoffnung, dass etwas mehr Kleber und Zeit das Problem lösen wird.

Um mich herum erscheinen immer mehr Menschen mit ihren Ruder- und Motorbooten. Offenbar ist dieses Tal ein Geheimtipp für kurze Segel- und Motorboottörns. Wasserski fahren die Menschen hier auch, alles sehr schön und idyllisch. Mir dagegen steht nur ein erneuter Anstieg bevor. Diesmal nach Aurec und meine Hoffnungen der Weg wird etwas leichter werden, verschwinden sehr schnell wieder. Verdammte Serpentinen. Dennoch kann ich bei all den Strapazen eine wunderschöne Landschaft und sehr authentische Dörfer und Kleinstädte genießen. Hier ist alles sehr schön, nur zum Fahrradfahren etwas ungeeignet. Schlussendlich komme ich in Retournac an. Der Supermarkt schließt natürlich um 19.15 Uhr und ich komme um 19.20 an. Der Campingplatz ist wieder am Fluss gelegen, aber zum Glück unbewacht. Wenn ich morgen früh losfahre, kann ich wohl wieder kostenlos übernachten. Leider hat die Dusche nur Kaltwasser, aber Luxus bin ich ohnehin nicht mehr gewohnt. Dafür gehe ich in die örtliche Pizzeria, um an diesem Freitag doch noch etwas Richtiges essen zu können, auch wenn es nur Tomaten, Mehl und Käse sind. Da es Freitagabend ist, muss ich im Restaurant einige protzende Kerle mit ihren Freundinnen ertragen, die wahrlich keine Schönheiten sind. Die Mädels werden reihenweise abgefüllt und mitten im Restaurant „verführt". Sehr interessante Szenen bieten sich hier.

Tag 12 – 04.08.2012
Strecke: Retournac – Le Puy-en-Velay
KM: 44   Gesamtstrecke: 1.017 km
Zeit: 3h 09 min   Uhrzeit: 08.20 – 13.00

Auf ein wundersames Flicken der Matratze zu hoffen, war im Rückblick betrachtet nicht ganz so schlau. Die Nacht war dementsprechend unangenehm und auch die Kälte – immer diese Flüsse – muss nicht unbedingt jede Nacht sein. Das Zusammenpacken dauert heute etwas länger, da mein Spanngummi sich in den Zahnrädern des Hinterrads verfangen hat und ich meine Finger zehn Minuten nach der Reparatur nicht mehr bewegen konnte. Diesen Schmerz kann man gar nicht in Worte fassen. Da auch kein Warmwasser vorhanden ist, ist dieser Morgen sehr unangenehm. Werde mir heute hoffentlich endlich eine neue Matratze kaufen können, aber bisher gab es einfach keine größeren Geschäfte.

Wieder auf dem Fahrrad geht es los bis zur ersten Pause. Gegen 10.30 Uhr auf einem Rastplatz. Da die Sonne immer stärker wird, kann ich die Gelegenheit nutzen, meine Sachen vom Tau zu trocknen. Hoffentlich erreiche ich Le Puy noch vor der Mittagshitze. Theoretisch sind es nur noch 20 Kilometer, aber rund 300 Höhenmeter und ich vertraue meinen Berechnungen nicht mehr besonders. Weiter geht es eine größere Straße entlang, neben hohen Felswänden und einem Fluss bis nach Le Puy. Ich habe heute tatsächlich die 1.000 Kilometermarke geknackt und bin auch dementsprechend ausgepowert. In Le Puy gibt es einen großen Supermarkt und ich kann mich für morgen (Sonntag) gut eindecken. Endlich kann ich auch den längst überfälligen Schraubenschlüssel kaufen. Zur Feier des Tages gibt es heute einen Joghurt, den ich bisher aus Angst vor der möglichen Sauerei nicht gekauft habe. Bei Intersport will ich eine neue Matratze kaufen. Mir fällt aber ein Zelt-Flick-Set ins Auge, das offenbar aus dem richtigen Material und Kleber besteht. Außerdem kostet es nur knapp sieben Euro. Als Schwabe greife ich natürlich sofort zu und vertraue auf die Klebekraft. Außerdem schnappe ich mir noch ein paar neue Heringe für mein Zelt, da die ursprünglichen sehr schnell verbiegen. Zurück auf dem Parkplatz fällt mir sofort auf, dass eine Flasche Wasser fehlt. Offenbar wurde sie mir gestohlen, denn die Läden sind nur wenige Meter voneinander entfernt und verloren habe ich sicherlich nichts. Zum Glück ist das Fahrrad angekettet. Nun geht es zur nächsten Tankstelle, um die Reifen wieder etwas aufzupumpen. Diesmal angenehmerweise sogar kostenlos.

Mein jetziger Weg führt mich geradewegs ins Stadtzentrum von Le Puy, um mich im Park den erbeuteten Leckereien hinzugeben. Um mich herum flanieren und flirten die Menschen und einige spielen sogar Boule. Interessanterweise sogar sehr junge Menschen. Offenbar ist das Spiel hier sehr beliebt, da ich auch in anderen Städten viele Boule Spieler gesehen habe. Ich bin nun am Überlegen doch noch weiterzufahren. Der nächste mögliche Halt ist „nur" 40 Kilometer entfernt, aber so richtig Lust habe ich nicht darauf, da ein erneuter Anstieg ansteht. Deshalb entschließe ich mich in dieser Stadt zu bleiben und den offiziellen Anfang der Via Podiensis, den historischen römischen Weg nach Spanien, zu erkunden. Heute setzt mir das Alleinsein schon etwas zu und ich habe das Gefühl alle schauen mich an. Einmal spricht mich sogar ein älterer Herr an, der aber natürlich nur Französisch spricht. Langsam bekomme ich wieder Angst einzunicken und ohne Fahrrad aufzuwachen und mache mich deshalb auf den Weg ins Zentrum. Le Puy ist schön mittelalterlich, nur die etwas zu steilen Straßen hier missfallen mir etwas. Man verliert in den engen Gassen auch schnell die Orientierung, dennoch lohnt sich ein Besuch. Meiner Schwester würde die Stadt sicherlich sehr gefallen.

Schließlich finde ich das Tourismusbüro, bekomme meinen Stempel und erfahre den Weg zur Jugendherberge. Heute kann ich in einem richtigen Bett schlafen. Nachdem ich die Jugendherberge bezogen habe, wird die Stadt erkundet. Es gibt hier eine große Kathedrale, welche auf dem Gipfel eines kleinen Berges gelegen sehr imposant ist. Den Berg dahinter, samt „Notre Dame" auf dem Gipfel, habe ich aus Kostengründen nicht besucht. Mittlerweile wurden genügend christliche Monumente von mir finanziert. Auch im „Pilgerbüro" schaue ich kurz vorbei und unterhalte mich mit einem Freiwilligen, der lustigerweise mal in Esslingen auf einem Austausch war. Man sagt mir, dass der Weg in Frankreich schwieriger ist als in Spanien. Ich hoffe es sehr.

Zurück in der Herberge treffe ich endlich auf ein paar Pilger. Es ist kaum zu glauben, aber bisher habe ich nicht einen getroffen, der auf dem Weg nach Santiago ist. Zuerst unterhalte ich mich mit einem sehr fitten Franzosen, der leider psychisch krank ist. Ich tippe mal auf Schizophrenie. Seit einer Woche versucht er den Mut aufzubringen Le Puy zu verlassen und sich auf den Weg zu machen. Sein Ziel ist irgendein Mittelalter-Musik-Festival ein paar Tage Fußmarsch von Le Puy entfernt. Er ist aber schon spät dran und ich habe so meine Zweifel, ob er jemals dieses Festival erreichen wird. Ein sehr armer Kerl, der sich schließlich mit dem Hinweis verabschiedet, er müsse seinen Kopf mit Gebet und Flötenspielen wieder klar bekommen. Zurück auf meinem Zimmer stoße ich auf meine deutschen Zimmergenossen. Der eine wirkt streng und sehr diszipliniert wie ein Soldat und ist wirklich mal Soldat bei der Bundeswehr gewesen. Sein Weggefährte ist Schlosser und etwas ruhiger. Beide sind sehr nett und erzählen mir, dass sie schon seit Deutschland gemeinsam während ihres Jahresurlaubs Abschnitt für Abschnitt diesen Weg gehen, um irgendwann in vier oder fünf Jahren Santiago zu erreichen. Offenbar ist der vor uns liegende Teil der schwerste aller Abschnitte, weshalb beide sehr aufgeregt sind. Es ist sehr interessant von den Strapazen und

Abenteuern der Wanderer zu hören, aber auch wenn beide beteuern nur zu Fuß sei es das wahre „Feeling", bleibe ich lieber auf meinem Fahrrad. Vor dem Schlafen flicke ich noch meine Matratze und breite sie zum Trocknen etwas aus.

Ein Wort zu Franzosen und der englischen Sprache. Es ist völlig in Ordnung, wenn man kein perfektes Englisch beherrscht und keiner erwartet, dass jemand in der Lage ist, philosophische Diskurse zu führen. Aber man kann doch wohl von einem Mitte zwanzig Jahre alten Jugendherbergsmitarbeiter erwarten, dass er das englische Wort für Zimmer kennt. 15 Minuten lang musste ich diesem unterbelichteten und ungewaschenen Junkie erklären, dass ich da gerne schlafen möchte. Warum sollte ich sonst in ein Hostel gehen?! Erst als ein weiterer Gast kam, der Englisch verstand, konnte das Problem gelöst werden.

Dritter Teil: Via Podiensis

Tag 13 – 05.08.2012

Strecke: Le Puy-en-Velay – St. Roche

KM: 66 Gesamtstrecke: 1.083 km

Zeit: 6h 12 min Uhrzeit: 08.30 – 18.00

Diesen Tag werde ich wohl nie vergessen. Die Nacht war wunderbar erholsam und meine Stimmung ist gut, auch wenn es draußen regnet. Ich habe mich gestern bereit erklärt die morgendliche Pilgermesse zu besuchen und ziehe um Viertel vor sieben los, um die Kathedrale rechtzeitig zu erreichen. So richtig Lust habe ich nicht zu dieser frühen Stunde, aber es ist ganz interessant, eine französische Messe zu sehen. Die Kirche ist bis auf den letzten Platz besetzt. Ein Anblick, der in Deutschland wohl nur an Weihnachten zu sehen ist. Immerhin habe ich einen Rosenkranz und einen Anhänger geschenkt bekommen.

Zurück zur Herberge, Fahrrad von meinen beiden Schlösser befreien und bepacken. Natürlich verfahre ich mich sofort wieder, und das, obwohl hier überall Wegweiser herumstehen. Es geht einen Berg hinauf, der auf der gegenüberliegenden Seite der Kathedrale liegt. Der Aufstieg ist diesmal so steil, dass ich tatsächlich absteigen muss und völlig aus der Puste bin. Immer weiter bergaufschiebend finde ich mich auf einem steinigen Feldweg wieder, auf dem circa 100 Pilger entlanglaufen. Menschen jeden Geschlechts und Alters und vorwiegend französisch sprechend. Ich sehe auch eine Gruppe Pfadfinder, die ich schon in der Kirche gesehen habe. Alle sind total begeistert bei der Sache, nur ich ärgere mich über den durch die nächtlichen Regenfälle unbefahrbar gewordenen Weg. Notgedrungen muss ich mein Fahrrad schieben. Das ist sehr unbefriedigend und der ganze Matsch an meinen Schuhen und die Nässe lassen meine Stimmung immer schneller in den Keller rutschen. Mein Entschluss auf die erste befestigte Straße, die sich finden lässt, auszuweichen, steht fest.

Zum Glück führt der Weg über eine Landstraße und ich kann abbiegen. Mag ja sein, dass dies nicht der offizielle Weg ist, aber ich möchte Santiago noch in diesem Jahr erreichen. Die Landstraße führt mich immer höher und höher. Ich komme durch kleine graue Dörfer und verfluche jede Kurve, die mir nur zeigt, dass ich noch lange nicht am Ziel angekommen bin. Die Bewohner hier leben offenbar von den Pilgern, da ich überall Pilger-Pensionen sehe. Schließlich erreiche ich völlig erschöpft den Gipfel auf 1.200 Metern Höhe. Die Straßenmarkierungen hier haben auch glücklicherweise manchmal Höhenmeterangaben. Die Straße geht jetzt mehrere Kilometer bergab, weshalb ich mich kurz ausruhe und die letzten Not-Müsliriegel verputze und mit Banane und Wasser runterspüle. Das Herunterfahren bringt mein Adrenalin wieder zum Zirkulieren und ich erreiche Geschwindigkeiten um die 50 km/h. Mitten auf dem Weg durchquere ich ein Dorf und erkenne einen gelben Pfeil, der als Wegmarkierung für den Jakobsweg dient und der von der Hauptstraße wegführt. Wider meinem festen Entschluss, nicht mehr die offiziellen Pilgerwege zu benutzen, folge ich dem Pfeil, da der Weg sehr gut befestigt aussieht. Ein folgenschwerer Fehler, wie sich wenig später herausstellt, da sich die Asphaltstraße sehr schnell in einen steilen, schmalen und steinigen Waldweg verwandelt, auf dem es kaum Halt zu finden gibt. Zurückfahren würde zu viel Zeit in Anspruch nehmen und so versuche ich notgedrungen mein Glück. Nach etwa 1,5 Kilometern und einigen blauen Flecken durch ausrutschen, anstoßen und hinfallen, treffe ich auf eine Gruppe niederländischer Wanderer, die mir versichern, dass ich fast am Ziel bin. Tatsächlich komme ich bald wieder auf eine Straße und schwöre nie, nie, nie, nie wieder von der Straße abzuweichen.

Es geht wieder ein Stück bergab und ich komme schließlich nach Monistrol-d'Allier, einem Städtchen im Tal auf rund 600 Metern über dem Meeresspiegel. Hier kaufe ich etwas Baguette und Croissants. Auch ein Pärchen auf Fahrrädern sehe ich hier, die ihr Kleinkind auf dem Fahrradanhänger mitgenommen haben. Um ehrlich zu sein, ich hätte dieses Risiko nicht auf mich genommen. Der Weg ist auch auf der normalen Straße sehr kurvenreich und gefährlich. Aber es ist nun mal nicht mein Kind. Es geht weiter zum Ortsausgang, an dem ich eine kleine Pause mache. Der weitere Weg führt mich über eine Brücke und etwa zehn Kilometer steilen Aufstiegs nach Aurillac. Eine große Unlust macht sich in mir breit. Es ist erst elf Uhr und ich muss weiter, aber der folgende Abschnitt wird die Hölle sein und ich hab heute schon einen steilen Aufstieg hinter mir. Nach einer halben Stunde nehme ich endlich den Mut zusammen und fahre los. Was folgt, ist eine 2-stündige Fahrt im ersten Gang und mit zahlreichen Pausen. Irgendwie komisch, dass ich das auf mich genommen habe. Obwohl die Strapazen unbeschreiblich sind und jeder Meter von mir aufs Tiefste gehasst wird, hat man bei einer solchen Fahrt dann doch viel Zeit zum

Nachdenken und kann die wunderschöne Natur genießen, was mich zum Weitermachen anhält. Zum Glück sind nur wenige Fahrzeuge unterwegs, aber die erneute Hitze und die hohe Luftfeuchtigkeit, die durch den nächtlichen Regen verursacht wurde, machen mir deutlich zu schaffen. Nach jeder Kurve und jedem steileren Abschnitt wird meine Hoffnung, den Gipfel endlich erreicht zu haben, von neuem vernichtet. Wenn man hofft, dass nach der nächsten Steigung eine Abfahrt kommt, wartet hinter der nächsten Biegung ein doppelt so steiler Abschnitt. Ich hasse das Zentralmassiv. Wie konnte ich nur so unglaublich dämlich sein und hier entlangfahren! Auch wenn es ganz schön ist, fahre ich hier nie wieder Fahrrad.

Nachdem ich endlich den Gipfel erreicht habe, muss ich mich erst mal für eine Stunde ausruhen. Das war wohl die größte Anstrengung, die ich in meinem bisherigen Leben je auf mich genommen habe. Auf dem Gipfel kann man eine Jesusstatue in der Ferne erkennen. Offenbar geht dort der „richtige" Pilgerweg entlang. Auf dem Rastplatz, auf dem ich bin, ist eine große Holzstatue erkennbar. Sie soll einen Wolf darstellen, der laut meinem schlauen Buch im 18. Jahrhundert in dieser Gegend gewütet haben soll. Diese unheimliche Bestie von Gévaudan ist seit der Verfilmung (Pakt der Wölfe) recht berühmt geworden. Ursprünglich wollte ich heute das Zentralmassiv verlassen und schon in Espalion sein, aber das wird sicher nichts. Wenn ich Glück habe, bin ich in ein bis zwei Tagen dort. Ich fahre weiter nach Aurillac und ruhe mich dort etwas im kühlen Kirchenhof aus. Da Sonntag ist, sind natürlich alle Geschäfte geschlossen, aber zum Glück habe ich in Le Puy genügend eingekauft. Es ist erst 15 Uhr und ich möchte eigentlich weiter und endlich diese Gegend verlassen. Kaum zu glauben, dass man nach zwei Aufstiegen immer noch die Lust und Energie aufbringen kann weiterzufahren. Am meisten Antrieb bekomme ich wohl durch meinen Tachometer, der mir bisher nur etwa 35 Kilometer bescheinigt und ich mir vorgenommen habe jeden Tag mindestens 50 km zu fahren.

Ich mache mich wieder auf den Weg und komme nach Saugues. Der Weg ist sehr hügelig und hier oben ist es auch etwas kühler, aber im Vergleich zu heute Morgen war es wie der Himmel auf Erden. Saugues ist ganz nett, wie alle Ortschaften hier und die Kirche hat sogar eine in einem Glassarkophag ausgestellte Wachsfigur, die wohl irgendeinen ehemaligen Prister darstellen soll. Aber mich zieht es weiter, denn mein eigentliches Ziel für heute ist Aumont-Aubrac. Kilometer um Kilometer geht es weiter und leider wieder bergauf. Über mir formieren sich einige Wolken und ich hoffe inständig, dass sie einfach weiterziehen. Der Weg wird wieder steiler und es folgt ein erneuter Anstieg von ungefähr zehn Kilometern. Allerdings habe ich heute schon deutlich Schlimmeres erlebt. Ich wundere mich dennoch etwas über meinen Radführer, denn er verschweigt gekonnt den ein oder anderen beschwerlichen Abschnitt. Schließlich erreiche ich den Gipfel und finde eine kleine Kapelle und eine Notunterkunft in Form eines kleinen Steinhäuschens mit Holztischen und Bänken. Es ist jetzt circa 19 Uhr und meine Knie schreien förmlich bei jeder Bewegung. Mir ist schlecht, kalt, ich stinke und Kopfschmerzen machen sich auch langsam bemerkbar. Außerdem hat ein leiser Nieselregen begonnen. Die pure Hölle. Zunächst schaue ich mich in der Notunterkunft etwas um und finde den nackten Betonboden auf einmal unglaublich gemütlich. Es liegt auch ein Heft darin, in dem viele Reisende und Pilger etwas hineingeschrieben haben. Die meisten kommen aus Frankreich, aber ich sehe auch ein paar englisch-, polnisch- und deutschsprachige Einträge. Dieser Abschnitt war wohl nicht nur bei mir dermaßen verhasst und voller Strapazen gespickt. Als ich schließlich rausgehe, regnet es noch mehr und mir wird die Entscheidung zu bleiben abgenommen.

Das Lager wird aufgeschlagen und die Klamotten zum Trocknen aufgehängt, auch wenn es nicht viel nützen wird. Gegen 20 Uhr wird die Tür plötzlich aufgerissen und ein paar junge Franzosen stehen vor mir. Nachdem ich den ersten Schrecken verdaut habe, biete ich ihnen an, heute auch hier zu übernachten. Es wird zwar eng, aber besser als draußen in der Kälte und dem Regen zu nächtigen. Merkwürdigerweise lehnen sie ab (sehe ich so schrecklich aus?) und übernachten freiwillig im Freien ohne Zelt unter dem Vordach der Kirche. Selbst schuld.

Was für ein schrecklicher Tag. Als ich noch in Deutschland meinen Radführer studiert habe, habe ich mir geschworen, nicht in dieser Notunterkunft schlafen zu müssen. Ich wollte es unter allen Umständen vermeiden und einen richtigen Campingplatz aufsuchen. Hoffentlich wird es morgen besser und ich entkomme diesem Zentralmassiv endlich. Frankreich hat mich heute zwei Dinge gelehrt. Wenn man denkt, man hat den höchsten Berg erklommen und den steilsten Anstieg besiegt, dann erwartet einen ein doppelt so hoher Berg hinter der nächsten Biegung. Und wenn man denkt, dass es unmöglich kälter werden kann und sich die Finger nicht mehr bewegen lassen, fängt es an zu regnen.

Tag 14 – 06.08.2012
Strecke: St. Roche – Estaing
KM: 100   Gesamtstrecke: 1.183 km
Zeit: 6h 04 min   Uhrzeit: 06.10 – 16.30

Die Nacht war so ziemlich das Schlimmste, was man sich vorstellen kann. Gegen ein Uhr wache ich auf dem harten Betonboden auf und merke, dass meine Anstrengungen die Matratze zu flicken nicht von Erfolg gekrönt waren. Meine kläglichen Versuche brachten natürlich keinen Erfolg und so bibberte ich mich durch die Nacht bis zum Morgengrauen. Um halb sechs bin ich schließlich aufgestanden, habe alles zusammengepackt und gefrühstückt. Meine Klamotten sind immer noch feucht und ich friere jämmerlich. Zum Glück hat der Regen nachgelassen und so mache ich mich auf den Weg den Berg runter. Mir ist durch und durch kalt und ich muss sogar die Geschwindigkeit deswegen drosseln. Nach etwa fünf Minuten fängt der Regen wieder schlagartig an und ich werde augenblicklich nass bis auf die Unterhose. In meiner Verzweiflung suche ich einen Unterschlupf und finde in St. Alban eine im Bau befindliche Garage, in der ich einige Minuten warte und versuche meine Finger wieder aufzutauen. Als nach etwa 30 Minuten der Regen nachzulassen scheint, ziehe ich das Regencape über und fahre weiter. Der weitere Weg führt mich bei Regen, Kälte und, wer hätte es anders erwartet, einem erneuten Anstieg nach Aumont-Aubrac. Offensichtlich eine Pilger- und Wandererstadt, samt Sportgeschäft. Leider führt dieses keine Matratzen.

Die Landschaft ist hier deutlich verändert, viel grüner und überall um mich herum sind Nadelwälder. Das habe ich, um ehrlich zu sein, nicht erwartet. Es geht immer weiter und ich erreiche schließlich ein Plateau auf 1.200 Metern Höhe. Die Landschaft hier ist einzigartig und wohl am ehesten mit der mongolischen Steppe zu vergleichen. Es ist kalt, sehr windig und um mich herum sind nur Hügel und Gras. Wohin mein Auge blickt, nur Steppe und vereinzelt ein paar Bäume. Sehr beeindruckend das Ganze, wenn mir nicht so kalt wäre. Es ist knapp 13 Uhr, und das integrierte Thermometer in meinem Tacho kommt kaum über die 14°C-Marke. Ich habe all meine warmen Klamotten wie Pullover, Jacke und lange Treckinghose an, aber das nützt kaum, da die Sachen alle leicht feucht sind. Verdammt noch mal, ich dachte im Süden Frankreichs ist es die ganze Zeit heiß. In einem Dorf halte ich es schließlich nicht mehr aus und gehe in ein kleines Café, um mich aufzuwärmen. „Un café" wurde zum Glück problemlos verstanden und da die Menschen hier offenbar sehr ruhig sind, vor allem gegenüber Fremden, werde ich nicht zum Sprechen animiert. Es geht weiter und ich würde die Landschaft sehr gerne mit noch mehr Blicken würdigen, aber die Strapazen der letzten Stunden lasten zu sehr auf mir und ich bin heilfroh, wenn ich dieses Plateau verlassen habe.

Mit Nasbinals erreiche ich die nächste größere Ortschaft und hole mir meinen nächsten Stempel. Ein Mann Ende zwanzig und mit Vollbart ist für diese Kirche zuständig. Wir kommen etwas ins Gespräch und er schwärmt von seinen angeblichen Erlebnissen mit seinem Fahrrad und all den Orten, die er auf dieser Welt besucht hat. Er gibt zudem zu, keine Lust auf richtige Arbeit zu haben, weshalb er hier ein bisschen für die Kirche arbeitet, um sich seine weiteren Unternehmungen finanzieren zu können. Na dann. Wieder auf dem Fahrrad fallen mir die ganzen Pilger und Wanderer auf. Der gesamte Ort ist auf diese Touristen ausgerichtet. Das ist etwas zu kommerziell für meinen Geschmack. Ich entdecke auch einen Pilger in voller Montur, samt Mönchskutte mit aufgenähten Muscheln, Jakobsmuschel auf Hut und Stock. Sehr skurril. Im Großen und Ganzen habe ich mir das alles etwas anders vorgestellt. Eine wirkliche „Pilgerromantik" kommt auf dem Weg noch nicht auf und die Leute, die ich bisher gesehen und getroffen habe, wirkten eher etwas komisch. Endlich erreiche ich Aubrac, den letzten kleinen Ort in den Bergen direkt an der Grenze zum nächsten Departement. Jetzt geht es endlich wieder bergab. Wärme, Sonne und flache Straßen warten auf mich in rund 30 Kilometern. Die Landschaft ist atemberaubend und die steilen Hänge sind absolut sehenswert. Ein großes Glücksgefühl breitet sich in mir aus. Diesen ganzen Weg habe ich mit meiner eigenen Muskelkraft bergauf geschafft. Und endlich wird es wärmer. Zuerst komme ich in das sehr schöne, mittelalterliche Städtchen Saint-Geniez-d'Olt, aber mich zieht es weiter nach Espalion. Der Weg ist nun endlich flach und es ist richtig heiß geworden, sodass ich meine langen Klamotten endlich wieder ausziehen kann. Espalion hat nicht mehr ganz den Charme einer mittelalterlichen Stadt erhalten, aber hier gibt es Geschäfte und Zivilisation. An diesem Tag gibt es offenbar auch ein Boule-Turnier. Als ich dann aber die Preise erfahre, verschlägt es mir die Sprache. 15 Minuten Internet für zwei Euro und über 25€ für den Campingplatz. Das Tourismusbüro gibt mir den Tipp nach Estaing zu fahren. Der Campingplatz sei zwar nicht ganz so luxuriös, aber günstiger. Ich fahre also weiter zum Supermarkt und kaufe neue Vorräte ein. Auch eine Schwimmbad-Luftmatratze kann ich erwerben und mein Schlafproblem beseitigen. Weiter die schwer befahrene D920 entlang bis nach Estaing, dem wohl schönsten Dorf Frankreichs. Komplett im mittelalterlichen Steinhaus-Stil erhalten, habe ich mich sofort in das Städtchen verguckt. In den Gassen gackern sogar noch Hühner und es sind kaum Touristen unterwegs. Im Tourismusbüro erklärt mir das nette Mädel, dass der Campingplatz etwas außerhalb liegt und so mache ich mich auf den Weg dorthin. Für nur 8.20€ am Tag war das den kleinen Umweg allemal wert und so schlage ich mein Zelt auf und dusche endlich. Selbst das Internet ist in diesem Ort günstiger. Nun mache ich mich an meine gekauften Vorräte und das Bier.

Meine Entscheidung steht fest, ich werde hier einen Tag bleiben und mich ausruhen.

Tag 15 – 07.08.2012

Strecke: Estaing

KM: 4   Gesamtstrecke: 1.187 km

Zeit: 17 min   Uhrzeit: –

Die Nacht war wundervoll erholsam, wenn auch immer noch zu kühl für meinen Geschmack. Ich musste in der Nacht aufs Klo und habe mir bei der kleinen Treppe vor der Toilette den Fuß umgeknickt. Es tut höllisch weh und ich hoffe inständig, dass es bis morgen wieder besser ist. Außerdem hat meine Armbanduhr um fünf Uhr gepiept, da ich offensichtlich vergessen habe sie auszuschalten. Dennoch, ein herrlicher Tag kündigt sich an und ich bereite mich langsam auf eine kleine Stadterkundung vor. Zunächst bleibt mir aber etwas Zeit meine weitere Route zu berechnen. Erstaunlicherweise bin ich gemäß meinem Idealplan nur einen Tag im Rückstand und mir bleiben immer noch rund 30 Tage zum Erreichen des Ziels. Ich werde wieder ganz unruhig und möchte eigentlich weiterfahren, da es mich die ganze Zeit weiter zieht und der Gedanke längere Zeit an einem Ort zu verweilen, etwas abschreckt.

Als nächstes muss die Wäsche gewaschen werden. Kaltes Wasser eignet sich übrigens gar nicht gut dafür. Aber ich bin froh, den morgigen Tag mit trockenen Sachen beginnen zu können. Mein Fahrrad will ich auch noch etwas genauer inspizieren, um die immer stärker werdenden Knackgeräusche zu beseitigen. Leider werde ich nicht fündig. Danach geht es zum Fluss, um das Bier etwas zu kühlen und Mittag zu essen. Dabei bemerke ich drei Englisch sprechende Jungs, wohl aus Großbritannien, die auch mit ihren Fahrrädern unterwegs sind. Alle drei sind sehr sportlich und braungebrannt, ich dagegen habe große Angst vor zu viel Sonne auf meiner hellen Haut und meide diese daher wie der Teufel das Weihwasser. Die drei haben erstaunlich wenig Gepäck dabei, aber brauchen fürs Aufbrechen fast dreimal so lang wie meine Wenigkeit. Vielleicht sind die noch etwas verkatert. Nach einem kleinen Mittagsschläfchen geht es in das Dorf. Der Tag hat mich jetzt schon völlig fertiggemacht. Ich schaffe über 100 Kilometer am Tag, aber ein Bier und etwas Wäsche waschen machen mich total fertig.

Estaing ist heute noch viel schöner. Meine Schwester würde es bestimmt lieben. Noch mittelalterlicher geht es wirklich nicht. Ich gehe sogar ins örtliche Schlösschen, welches aber zurzeit restauriert wird. Laut Informationstafel wurde mit der Restaurierung 2005 angefangen, aber mein kritisches Auge bemerkt, dass bisher nur ein Raum in Angriff genommen wurde und nicht einmal der ist fertig. Es gibt sogar eine Ausstellung über den ehemaligen Staatspräsidenten und Europafreund d'Estaing, dessen Geschlecht aus der Gegend stammt. Zurück auf dem Campingplatz falle ich völlig erschöpft ins Zelt. Ein herrlicher Tag, aber auf Dauer wäre mir das doch etwas zu einseitig. Ich muss weiterfahren.

Tag 16 – 08.08.2012
Strecke: Estaing – Montbrun
KM: 121   Gesamtstrecke: 1.308 km
Zeit: 6h 32min   Uhrzeit: 7.30 – 20.00

Leider tun mir die Finger morgens beim Zusammenpacken immer noch weh. Auch die Matratze erweist sich als eher suboptimal, nachdem ich festgestellt habe, dass die Luft schlangenförmig hineinströmt, was ein vollständiges Luftablassen somit unmöglich macht. Dafür ist die Fahrt Richtung Entraygues-sur-Truyère atemberaubend schön. Die Hänge sind in Nebel getaucht und ich kann auf einer einsamen Landstraße entlangsausen. Alles sieht ein bisschen geheimnisvoll, fast magisch aus. Ein bisschen wie der Regenwald nach einem Gewitter. Ganz langsam werden die Gipfel vom goldenen Schein der Sonne erhellt. Das ist die schönste Fahrt an einem Morgen bisher und ich bin wieder sehr froh über mein frühes Aufbrechen. Es ist die mit Abstand schönste Tageszeit. Nur das mit der Temperatur ist wirklich merkwürdig hier. Abends und morgens ist es sehr kühl, teilweise liegen die Temperaturen unter 10 °C und mittags wird einem die Haut versengt. Natürlich ist dies in einer Bergregion zu erwarten, ich bin jedoch von 40 °C am Tag und 30 °C in der Nacht ausgegangen. Viel schlimmer als die Kälte sind jedoch meine schmerzenden Finger. Alle anderen Schmerzen, ob der Hintern, die Knie oder die Füße sind Kindergeburtstag dagegen.

In Entraygues geht es einen Berg hinauf und zum nächsten Supermarkt. Hier fahre ich dann irrtümlich den Berg weiter hoch und verplempere somit nicht nur fast eine Stunde, sondern auch unnötig viel Kraft. Nachdem der Fehler korrigiert ist, finde ich mich auf einem sehr angenehmen Weg wieder, der an einem Fluss entlangführt. Mir ist schon in den letzten Tagen aufgefallen, dass ich mich mindestens einmal am Tag verfahren muss und erst dann dem richtigen Weg folge kann.

Man kann kaum beschreiben wie schön die heutige Strecke ist, immer in der Schlucht am Fluss entlang. Groteske Felsformationen tun sich vor mir auf und bieten einen atemberaubend schönen Anblick. Mal schlängelt sich die Straße etwas den Berg hinauf und dann kann man wieder hinuntersausen. Herrlich. Schließlich komme ich an eine große Brücke und muss eine Entscheidung treffen, geradeaus geht mein eigentlicher Weg und nach links geht es nach Conques, einer der „Grands Sites de France", also einer der „großen Sehenswürdigkeiten Frankreichs". Ich entschließe mich die etwa 12 Kilometer Umweg auf mich zu nehmen und muss prompt feststellen, dass es bergauf geht. Insgesamt ist Conques eine Enttäuschung. Das liegt möglicherweise daran, dass ich extrem angepisst bin durch die erneuten Anstiege, aber auch objektiv betrachtet kann dieser tourismusüberfrachtete Ort nicht mit Estaing mithalten. Die Klosterkirche Sainte-Foy ist ganz nett und das Tympanon (Schmuckfläche über dem Eingang) aus dem 12. Jahrhundert, welches das Jüngste Gericht mit Karl dem Großen darstellt, kann den Frust ein wenig dämpfen. Der „Kirchenschatz", für dessen Betrachten ich 4,20€ bezahlte, ist jedoch sehr ernüchternd. Ich bleibe bei meinem Entschluss diesen Abstecher als Fehler abzustempeln.

Zurück auf dem richtigen Weg erfreue ich mich wieder schöner Landschaften und wenig befahrenen Straßen. In Capdenac-Gare suche ich das örtliche Tourismusbüro auf. Die Frau ist sehr überrascht, als ich sie nach einem Stempel frage, und meint, dies sei nicht der offizielle Weg. Ein Grund mehr für mich diesem Weg zu folgen. Ich werde doch nicht sklavisch irgendeinem Weg folgen, den irgendein Tourismusamt für „richtig" hält. Im Mittelalter gab es solche strikten Wege nicht und ich bin ohnehin hier, um das Land und nicht den Jakobsweg zu erkunden. Angeblich gibt es in der örtlichen Bibliothek Internet und ich mache mich auf den Weg dahin. Meine Frage nach einer nahegelegenen Therme oder Sauna hat die gute Frau aber völlig missverstanden. Sie drückt mir einen Flyer für Mani- und Pediküre in die Hand und besteht darauf, dass dies genau das ist, was ich suche. Vielleicht müffeln meine Klamotten mittlerweile etwas zu stark. Dennoch gefällt mir diese alte Industriestadt und ich bin froh in keiner „Pilgerhochburg" abgefertigt zu werden. In einem Park esse ich erst einmal und schaue Kindergartenkindern beim Spielen zu. Auch ein paar Jugendliche sind hier und daddeln wie ihre deutschen Pendenten mit ihren Handys. Die Bibliothek hat in der Tat Internet. Sogar kostenlos mit Headset und allem Drum und Dran, finanziert durch Gelder der EU. Sehr gut. Hier lege ich mich etwas mit der Bibliothekarin an. Sie will mein Englisch partout nicht verstehen und meint flapsig, dass ich doch Französisch lernen könne, wenn ich in Frankreich bin. Nachdem ich ihr klar gemacht habe, dass ich vier Sprachen spreche, aber Französisch leider nicht dazugehört, wird sie deutlich ruhiger und versteht mich plötzlich.

Zwar habe ich kein wirkliches Heimweh, aber so langsam macht sich die Einsamkeit immer mehr bemerkbar und mich interessiert einfach, was zu Hause und in der Welt so alles los ist. Es fällt auf, dass ich immer noch alleine reise und ich Gespräche hauptsächlich mit mir selbst führe. Ganz unglücklich bin ich darüber nicht, aber etwas Abwechslung könnte schon sein. Mein Vater fragt mich unterdessen auf Skype ein bisschen über den Weg aus und ist total begeistert, als ich ihm sage, dass es gleich weitergehen wird und ich noch nicht weiß, wo ich schlafen werde. Es geht auch wieder weiter und ich verlasse die Bergregion immer mehr und mehr. Felder breiten sich vor mir aus und ich kann eine schöne, ins Abendlicht getauchte, Straße entlangfahren. Auf dem Weg treffe ich auf eine Gruppe Radfahrer, offenbar der Opa mit seinen drei Enkeln. Er signalisiert mir anzuhalten und plappert auf Französisch los. Ich verstehe sehr schnell, dass seine kleine Enkelin gestürzt ist und er gerne mein Handy benutzen möchte. Nach einigen Anlaufschwierigkeiten – offenbar ist es von etwa Vierzehnjährigen zu viel verlangt englische Zahlen von null bis neun zu können – kann er seine Frau erreichen und ich mache mich wieder auf den Weg. Ganz nach Cajarc komme ich heute nicht, nur fünf Kilometer fehlen mir dafür, aber in Montbrun lässt mich der nette Campingplatzbesitzer umsonst übernachten und dieses Angebot nehme ich natürlich gerne an. Er erzählt mir sogar eine unglaubliche Geschichte von zwei Ungarn, die vor wenigen Tagen bei ihm waren und seit Budapest jeden Tag 40 Kilometer mit jeweils 20 Kilo Gepäck wandern. Ihr Ziel ist ebenfalls Santiago.

Tag 17 – 09.08.2012
Strecke: Montbrun – Moissac
KM: 139 Gesamtstrecke: 1.447 km
Zeit: 8h 60min Uhrzeit: 7.40 – 20.40

Ein neuer Morgen bricht an und ich strample durch verschlafene Dörfer und Städtchen. Es geht immer am Fluss entlang auf einer in den Fels geschlagenen und an Felsvorsprüngen vorbeiführenden Straße. Das Sonnenlicht lässt das Gestein gold-gelb erstrahlen, ein wunderbarer Anblick. Viel besser gefällt mir noch, dass kein Motorengeräusch diese Idylle stört. Nach dem Frühstück mache ich mich auf den Weg zu einer Grotte, die einen See im Inneren haben soll. Die Grotte liegt etwas abseits meiner Route und der Aufstieg ist sehr anstrengend. Was mich hier erwartet, enttäuscht doch etwas. Massenabfertigung und eine Heerschar von Touristen, die im Viertelstundentakt durchgeschleust werden. An der Kasse gibt es keine Preisliste. Die böse Überraschung soll wohl erst kommen, wenn alles gebucht ist. Für einen Familienurlaub sicherlich ganz nett, aber der Charme einer von Urmenschen bewohnten Höhle ist gänzlich zerstört worden. Nein danke, darauf habe ich keine Lust. Aber die Toilette wird dennoch genutzt. Blöderweise habe ich meinen Geldbeutel liegen lassen, mich aber zum Glück sofort wieder umgedreht. Ein Mitarbeiter war schon dabei den Inhalt zu „inspizieren", entwenden konnte er aber zum Glück noch nichts. Schnell weg hier.

Der weitere Weg führt mich über mehrere Hügel und vorbei an kleinen Gärten abseits der Hauptstraße. Hier wachsen schon Olivenbäume und es ist unerträglich heiß, obwohl es erst elf Uhr ist. Mein Wasser neigt sich auch langsam dem Ende zu, aber ich erreiche Cahors, die nächste große Stadt, rechtzeitig. Cahors ist groß, modern und gefällt mir sehr. Allerdings zieht es mich immer weiter und zudem muss ich den Supermarkt so schnell wie möglich finden, um nicht zu verdursten. Nach der berühmten Brücke, die angeblich mit des Teufels Hilfe gebaut worden war, verfahre ich mich natürlich sofort. Nachdem ich endlich den Intermarché, einen der teureren Läden, gefunden habe, will ich zum ersten Mal eine Apfelsaftschorle mixen. Das stellt sich schnell als großer Fehler heraus, denn nicht nur, dass der einzig erhältliche Apfelsaft schmeckt, als sei er 1970 abgelaufen, es gibt offenbar auch kein Wasser mit Kohlensäure in Frankreich. Nachdem ich etwa 15 Minuten suche und nur ein Wasser mit „blub" finde, welches offenbar von Natur aus mit Kohlensäure versetzt ist und unglaublich widerlich schmeckt, gebe ich mein Experiment auf und schütte die Brühe weg. Also wieder Wasser und Orangensaft.

Mein Ziel Moissac ist rund 70 Kilometer entfernt und ich mache mich wieder auf den Weg. Kurz darauf lande ich unter einem Baum und wenig später unter einer Eisenbahnbrücke, um Schutz vor der tödlichen Sonne zu suchen. Nachdem ich wieder weiter fahren kann, darf ich Bekanntschaft mit der wohl ekelhaftesten Toilette Frankreichs machen. Es reicht wohl zu sagen, dass der Abfluss nicht richtig funktioniert. In der nächsten Stadt habe ich unglaubliche Lust auf Buttermilch und schaue mich in der Molkereiabteilung um. Leider ist die in Frankreich etwas merkwürdig. Milch wird grundsätzlich als H-Milch verkauft und normale Frischmilch ist extrem teuer. Versehentlich kaufe ich also einen Liter Milch, da es Buttermilch offenbar nicht gibt. Was für ein kulinarisches Erlebnis ...

In Moissac lande ich auf einem Campingplatz, der einen Pool und Animation hat. Das soll sich als großes Problem in der Nacht herausstellen, da die betrunkenen Mittvierziger bis drei Uhr nachts rumgrölen. Und das, obwohl die Musik des französischen DJs total beschissen ist. Offenbar sind hier aktuelle Popsongs, die einfach auf Französisch nachgesungen werden, besonders beliebt. Oftmals reimt sich nicht einmal der Text auf die Melodie. Sehr skurril.

Heute ist mir etwas aufgefallen, das mich seitdem ich in Frankreich bin, begleitet. Schmetterlinge. So viele habe ich noch nie gesehen und es werden von Tag zu Tag mehr. Ein bisschen haben sie mir heute den Tag versüßt und mich die sengende Hitze ertragen lassen. Ich habe auch viele weitere, wenn auch nicht immer lebende, Tiere gesehen. Ganz Knuffige, wie Hasen und kleine Eidechsen, aber auch Ratten und Mäuse. Man kann sich viel mehr auf die Natur konzentrieren und ich genieße das, obwohl ich eigentlich keine Tiere mag.

Tag 18 – 10.08.2012
Strecke: Moissac – Condom
KM: 83   Gesamtstrecke: 1.531 km
Zeit: 4h 58min   Uhrzeit: 8.15 – 20.10

Tja, ich habe mir die ganze Zeit Hitze gewünscht und nun ist sie da. Mein Mittagsziel ist Condom, die Stadt mit dem lustigen Namen, doch die Hitze ist schon um zehn Uhr unerträglich und ich suche jeden Schatten und jeden Baum, um etwas Pause machen zu können.

Die Campinganimation hat mich ziemlich viele Nerven und Schlaf gekostet, aber dafür entschädigt mich der heutige Weg, der am Kanal entlangführt. Zuerst fahre ich eine Art Allee entlang, mal links, mal rechts vom Kanal. Irgendwann biege ich rechts ab, um das Atomkraftwerk bei Golfech aus nächster Nähe betrachten zu können. Dieses ist aber nicht so spannend wie erhofft und außerdem ist mir das Gelände hier ein wenig zu gebirgig. Zumindest kann man wieder sehr weit in die Landschaft schauen, was ein herrliches Gefühl ist nach so vielen Bergen. Um mich herum sehe ich wieder nur Maisfelder. Frankreich muss Unmengen an Mais produzieren. Man erkennt auch Schilder mit verschiedenen Maissorten, von denen einige wohl genetisch verändert sind. Aber auch Obstbäume gibt es hier in Massen. Ab und zu klaue ich auch ein paar Pflaumen und Honigmelonen.

Ob ich heute bis nach Montreál komme, bezweifle ich doch sehr stark. Meine Augen fallen schon mittags langsam zu und es reizt mich sehr, einfach nur schlafen zu gehen. In Lectoure angekommen, belagere ich den Kirchenvorplatz und breite mein feuchtes Zelt aus, denn wie jeden Morgen ist es nass vom Tau. Auch hier fällt mir wieder das Kriegsdenkmal für den Ersten Weltkrieg auf. Aus jedem winzigen Dorf mag es auch noch so weit von der deutschen Grenze sein, sind französische Soldaten gefallen. Interessanterweise sind nur auf wenigen Denkmälern Gefallene des Zweiten Weltkriegs hinzugefügt worden.

Hier findet am Wochenende ein Dorffest statt und die ganze Ortschaft wird festlich geschmückt. Ich ruhe mich derweilen auf einer Bank aus und nicke sogar kurz ein. Die Hitze ist unerträglich und die Anstrengungen machen mich vollends fertig. Um 18 Uhr, als es endlich etwas kühler wird, kaufe ich mir aber ein Eis und mache mich auf den Weg nach Condom. Als ich geschrieben habe, dass das Zentralmassiv die Hölle sei, war das gelogen. Diese Gegend, bekannt als die Gascogne, ist zwar auf topografischen Karten als nur wenige Meter über dem Meeresspiegel eingezeichnet, aber sie ist unfassbar hügelig. Dieses ständige Auf und Ab, die relativ kurzen Anstrengungen, gefolgt auf kurze Abfahrten, sind viel anstrengender, als ein gleichmäßiger Anstieg. Langsam mag ich diesen Teil Frankreichs nicht mehr und ich sehne mich nach spanischen Gefilden. In Montreál komme ich nicht an, der Weg ist einfach zu anstrengend und außerdem will ich auch noch den Supermarkt erreichen, der nur „fünf Autominuten" entfernt ist. Somit wird der letzte Teil der Strecke zur Bewährungsprobe und ich sporne meine schmerzenden und ermatteten Glieder zu Höchstleistungen an, denn wie jedes Geschäft hier wird es spätestens um 19.30 Uhr schließen. Übernachten werde ich ebenfalls hier in

Condom, welches zwar ein Kondommuseum, aber außer dem Namen nichts mit dem Verhütungsmittel zu tun hat. Das Ortsschild ist angeblich wiederholt Diebesgut geworden. Nach ein paar Nachos und Wein geht es mir wieder besser und ich falle in einen sehr erholsamen Schlaf. Eine Honigmelone habe ich meinen Nachbarn geschenkt, damit sie den Mund halten, wenn ein Wachmann kommen sollte. Hoffentlich verlasse ich diese schreckliche Region schnellstmöglich!

Tag 19 – 11.08.2012
Strecke: Condom – Arzacq-Arraziguet
KM: 117   Gesamtstrecke: 1.648 km
Zeit: 8h 07min   Uhrzeit: 6.30 – 21.30

Heute Nacht bin ich von einem unglaublich heftigen Krampf aufgewacht und musste mir das Schreien verkneifen, um meine Nachbarn nicht zu wecken. Da es schon 5.30 Uhr ist, packe ich alles zusammen und fahre pünktlich um 6.30 Uhr los. Nebel hat die Stadt eingekesselt und verbreitet eine unheimliche Stimmung. Mir gefällt das sehr und ich komme anfangs sehr gut voran. Wieder freue ich mich darüber früh losgefahren zu sein und diese einzigartige Natur genießen zu können. Unglücklicherweise wird die Landschaft noch hügeliger, und das Thermometer erreicht um neun Uhr schon unglaubliche 21 °C. Zum Glück ist es etwas bewölkt und meine Haut ist somit nicht gefährdet.

Mein Radführer berichtet von einem römisch-gallischen Dorf in der Nähe und ich habe große Lust mir das anzuschauen.

Obwohl es erst in zwei Stunden öffnet, lässt mich der Hausmeister netterweise früher rein und ich kann mir alles alleine und in Ruhe anschauen. Sehr beeindruckend das Ganze. Riesengroß samt Bodenheizung, Mosaiken und Thermen. Die Archäologen sind der Ansicht, dass dies eine unglaublich reiche und mächtige Familie sein musste, da sich selbst der Adel einen solchen Prunk nicht leisten konnte. Ich bin wirklich sehr begeistert und kann meiner Fahrt eine sehr interessante Note hinzufügen.

Jetzt habe ich etwas Zeit für mein Frühstück und schlucke auch den restlichen Wein herunter, den ich gestern nicht geschafft habe. Grundsätzlich fahre ich jeden Tag mindestens 20 Kilometer, bevor ich frühstücke und bin damit bisher ganz gut gefahren. Durch den Wein beflügelt, bezwinge ich die nächsten höllischen Hügel. Dennoch, so viel wie in dieser Region musste ich bisher nicht schieben. Das drückt sehr aufs Gemüt und erhöht meinen Wunsch, dieses Land endlich zu verlassen. Kurz vor Arzacq habe ich endgültig keine Lust mehr und suche mir ein Plätzchen hinter ein paar Maisfeldern. Hier bin ich scheinbar sicher vor ungebetenen Besuchern und lege mich erst mal kurz auf meine Isomatte. Da ich in der Ferne einen Mähdrescher und in der Nähe Hunde bellen höre, beschließe ich doch noch etwas weiter zu fahren. Die Angst erwischt zu werden ist einfach zu groß und außerdem ist hier der Boden etwas zu uneben für mein Zelt. Schließlich erreiche ich Arzacq und muss ernüchternd feststellen, dass mein Radführer fehlerhaft ist. Es gibt hier keinen Campingplatz, sondern einen Campingparkplatz aus Asphalt. Ich fahre daraufhin völlig entnervt umher auf der Suche nach einer Schlafmöglichkeit. Die Müdigkeit zieht meine Fahrkünste in Mitleidenschaft, doch ich finde schließlich einen See und auf dem Rasen davor stehen sogar ein paar Wohnmobile. Gerade rechtzeitig, denn es wird schon dunkel. Das Zelt schlage ich etwas entfernter auf und muss wenig später feststellen, dass ich die inoffizielle „Toilette" des Platzes erwischt habe. Egal, ich bin zu müde, um das Zelt erneut aufzustellen. Schöne Scheiße.

Morgen möchte ich gerne nach Saint-Jean-Pied-de-Port, dem letzten Ort in Frankreich. Hauptsache raus hier!

Tag 20 – 12.08.2012
Strecke: Arzacq-Arraziguet – Larceveau-Arros-Cibits
KM: 102 Gesamtstrecke: 1.750 km
Zeit: 6h 37min Uhrzeit: 7.30 – 19.00

Was soll man sagen, ein Tag gleicht dem anderen. Immer wieder auf und ab, aber zum Glück ist der Himmel wolkenverhangen. Ich befürchte, dass Saint-Jean-Pied-de-Port in weiter Ferne liegt und habe das Gefühl schon eine Ewigkeit in Frankreich unterwegs zu sein. An Tag vier meiner Reise habe ich Frankreich erreicht und bin damit schon über sechzehn Tage in diesem Land und habe fast täglich über 100 Kilometer geschafft. Diese Landkarten können nicht stimmen, Frankreich ist viel größer als man denkt. Der Weg bisher ist nicht besonders aufregend, aber ich habe das Gefühl, dass die Hügel noch steiler werden und da ich kurz vor den Pyrenäen bin, macht das durchaus Sinn. Das Gebirge kann man schon am Horizont erkennen, aber besondere Angst habe ich nicht davor. Schlimmer als das Zentralmassiv kann es sicherlich nicht sein.

Nach einigen Stunden erreiche ich ein kleines Örtchen mit dem Namen Larceveau-Arros-Cibits und sehe ein Schild mit dem Hinweis auf einen Campingplatz in vier Kilometern. Tja, solchen Schildern sollte man nicht trauen, denn der beschissene Campingplatz ist mindestens zehn Kilometer entfernt. Für Fahrradfahrer ein bedeutender Unterschied. Am Fuße der Pyrenäen gelegen ist der Campingplatz dennoch ganz nett und es sind nur noch 20, naja jetzt 30, Kilometer nach Saint-Jean. Zum Glück. Morgen werde ich in Spanien sein, endlich.

Seit einiger Zeit haben es Fliegen auf mich abgesehen. Auch nachdem ich geduscht habe, schwirren sie die ganze Zeit um mich herum und wollen, warum auch immer, vor allem in mein Auge. Bei Fahrtwind sind sie nicht schnell genug, aber wenn ich langsamer werde, kann es schon einmal vorkommen, dass sie unter die Sonnenbrille geraten. Das nervt tierisch und provoziert den einen oder anderen Wutausbruch, von denen sich aber keine Fliege beeindrucken lässt.

Tag 21 – 13.08.2012
Strecke: Larceveau-Arros-Cibits – Pamplona (Spanien)
KM: 98 Gesamtstrecke: 1.848 km
Zeit: 6h 15min Uhrzeit: 8.00 – 17.00

Die Nacht wäre ganz ok gewesen, wenn im nahegelegenen Bauernhof keine Tiere gequält werden würden. Sehr dubiose und eindeutig nicht menschliche Geräusche kommen aus dieser Richtung. Oder ist es doch der dunkle Wald. Apropos Wald, die Landschaft hier ist ganz anders als das Zentralmassiv oder die Alpen. Viel grüner und die Wälder sind auch viel dichter. Es wirkt auch gar nicht so wie der Rest Frankreichs. Gespannt warte ich auf den morgigen Tag und meine ersten Meter in Spanien.

Auf geht es nach Saint-Jean-Pied-de-Port. Diese am Fuße der Pyrenäen gelegene Stadt ist zwar klein, aber sehr geschäftig. Da ich nicht weiß, wo der nächste Supermarkt in Spanien ist, kaufe ich jede Menge Vorräte ein, auch auf die Gefahr hin ein zu schweres Fahrrad für den Aufstieg zu haben. Vor allem das Wasser darf mir nicht ausgehen und so kaufe ich neben dem obligatorischen süßen Gebäck auch noch einen Sixpack Fanta-Dosen. Energie ist sehr wichtig heute. Die Stadt pulsiert förmlich vor lauter Touristen und Pilger. Die Häuser und Gassen sind ganz nett, aber völlig überladen und dementsprechend sehr kommerzialisiert. Ich will hier schnell weg, muss davor aber noch einen Stempel holen und ein neues Stempelheft, da sich mein aktuelles schon dem Ende neigt. Nachdem alles erledigt ist und meine Wenigkeit auch in die Statistiken der örtlichen

Tourismusbehörde aufgenommen ist, geht es weiter Richtung französisch-spanischer Grenze. Der Weg führt mich, anders als der der Fußpilger, nicht über die schwer passierbare Route Napoleon, sondern entlang der Landstraßen D933 in Frankreich und N135 in Spanien über die Pyrenäen. Der Grenzübergang, eine Brücke, kommt wie im Elsass ohne Schild oder Fahne aus. Einzig die veränderten Straßenschilder und ein Schild auf der spanischen Seite, das jeden in der Region Navarra begrüßt, geben Auskunft darüber, dass ich mich nun in Spanien befinde. Ab hier beginnt der Weg langsam anzusteigen und ich muss mich an die veränderten Bezeichnungen und Markierungen etwas gewöhnen. Zum Glück sind sie den französischen sehr ähnlich. Ein tolles Gefühl endlich Frankreich verlassen zu haben.

Es ist zehn Uhr und der Aufstieg beginnt. Mal im ersten, mal im zweiten Gang, Meter um Meter den Berg hinauf. In einem kleinen Dorf mache ich eine kurze Pause und betrete erstmals spanischen Boden mit meinen eigenen Füßen. Der Verkehr ist recht stark, aber das hält mich nicht auf. Es geht immer weiter die Serpentinen entlang und zwei Stunden später erreiche ich endlich den Gipfel. Der Schluss war echt hart und die Hitze trägt nicht zur Erleichterung bei, aber ich habe es geschafft. Die großen Pyrenäen sind bezwungen und im Vergleich zum Zentralmassiv war das Kindergeburtstag. Auf dem Gipfel steht ein großes Kreuz samt Kapelle und man hat einen herrlichen Ausblick auf die Gegend. Sehr beeindruckend, wie hoch das Ganze hier ist. Fast 1.100 Meter über dem Meeresspiegel. Es geht nun endlich wieder runter in ein kleines Dorf namens Roncesvalles. Dieses ist für Fußpilger eigentlich die erste Station, wenn man den Aufstieg an einem Tag geschafft hat. Mich interessiert hier aber nur der Stempel.

Die Kirche ist übrigens der Inbegriff des Kommerzes. Sie ist völlig abgedunkelt und kann nur durch ein paar „gespendete" Münzen erleuchtet werden. Dies haben ein paar italienische Touristen auch tatsächlich gemacht und so kann ich die Pracht ebenfalls genießen. Der folgende Weg führt mich mal bergab, mal wieder bergauf, in praller Sonne und Mittagshitze. Auf der Straße bin ich nun hauptsächlich alleine unterwegs, nur manchmal kommt ein Auto vorbei. Bei einem erneuten Anstieg sehe ich einen Radfahrer im Schatten liegen und sich offenbar von den Strapazen erholen. Dieser holt mich wenig später ein, als ich Pause mache und nach einer Weile fahren wir hintereinander her. Endlich geht es nur noch bergab und ich kann Richtung Pamplona, der ersten großen spanischen Stadt, sausen. Auf dem Weg kommen mir sehr viele Radfahrer entgegen, die offenbar diesen Montagnachmittag nutzen, um die Pyrenäen einmal zu erklimmen. Die Stadt ist erfüllt von Leben und sehr quirlig. Im Tourismusbüro erfahre ich, wo mein erstes Refugio – Pilgerherberge – liegt und so mache ich mich auf den Weg dorthin. Für fünf Euro kann ich hier im Massenschlafsaal übernachten und mein Fahrrad ist ebenfalls im Gebäude gut geschützt angekettet. Hier treffe ich auch den Radfahrer wieder und wir entscheiden zusammen, etwas essen zu gehen. Er ist Spanier, hat aber in Deutschland kurzweilig studiert und lebt jetzt lustigerweise in Warschau und arbeitet dort. Von ihm erfahre ich ein paar Informationen über Pamplona, welches hauptsächlich durch den Stierlauf in den Straßen bekannt ist und die spanische Lebenskultur. In der Tat leben die Spanier hier auf der Straße und die Tapas sind wirklich sehr gut. Auch das Bier schmeckt viel besser als in Frankreich. Mir gefällt es hier viel mehr, als im etwas tristen und langweiligen Frankreich. Man spürt förmlich wie die Stadt lebt.

Ivan, so heißt der Spanier, ist jedoch etwas skeptischer. Immerhin ist es ein normaler Montagabend und die Leute feiern hier, als ob es kein Morgen gäbe. Er ist nicht ganz so angetan von der Kultur und zieht anscheinend das polnische Arbeitsleben, welches deutlich pflichtbewusster ist, dem spanischen vor. Diese Reise macht er nach eigenen Angaben als sportliche Alternative zum Badeurlaub im Süden. In Spanien kann man angeblich nur auf zwei Arten Urlaub machen: Am Strand im Süden oder sportlich im Norden. Alle anderen Spanier, die ich heute dank Ivans Hilfe treffe, sehen das ähnlich und keiner von ihnen ist aus religiösen oder spirituellen Gründen hier. Von meiner bisherigen Leistung sind aber alle fasziniert und blicken mich etwas ungläubig an. Ich für meinen Teil kann nur unglaublich stolz auf das Ganze sein und bin mir sicher, dass der spanische Weg viel leichter sein wird. Leider werde ich Ivan wohl nicht mehr sehen, da er morgen früh aufbrechen will. Das ist erst sein erster Tag. Ich dagegen möchte mich einen Tag in Pamplona ausruhen. Dank dem Bier kann ich gut und schnell einschlafen, auch wenn es etwas ungewohnt ist, mit so vielen Leuten und so vielen Geräuschen in einer großen Halle zu schlafen.

Frühmorgens in Spanien

Steinhaufen um das Cruz de Ferro (Eisenkreuz) auf 1.500 Höhenmetern

Vierter Teil: Camino Francés

Tag 22 – 14.08.2012

Strecke: Pamplona – Puente la Reina

KM: 41 Gesamtstrecke: 1.890 km
Zeit: 2h 31min Uhrzeit: 12.00 – 15.00

Ich sitze in einem Café und genieße mein „Pilgerfrühstück" bestehend aus Milchkaffee, Orangensaft und einem Schokobrötchen für knapp drei Euro. Im Café sitzen auch noch ein paar andere Pilger, die offensichtlich keine Lust auf das Wandern haben und lautstark diskutieren und lachen. Mein heutiger Plan sieht vor die Kathedrale zu besuchen und noch ein wenig zu entspannen. Danach geht es weiter, da man im Refugio nur eine Nacht bleiben darf. Die Kathedrale kostet eigentlich Eintritt, jedoch ist die erste Stunde zwischen neun und zehn Uhr kostenlos. Da Spanier offenbar vor zehn Uhr das Haus nicht verlassen, kann ich sie ganz alleine genießen. Die Kirchen, die ich schon auf dem Weg nach Pamplona gesehen habe, unterscheiden sich stark von den französischen, die eher den deutschen ähneln. Sie sind viel prunkvoller, haben viel mehr Gold, Heiligenbilder und Reliquien und sind auch größer als auf der anderen Seite der Pyrenäen. Vor allem der kunstvoll geschnitzte Altar zieht die Blicke auf sich. Etwas einschüchternd wirkt das Ganze schon und man merkt, dass die Spanier einen intensiveren Bezug zu ihren Kirchen haben als die Franzosen oder gar die Deutschen. Immerhin habe ich in Frankreich, außer den Touristen, praktisch niemals jemanden außerhalb der Messe in einer Kirche gesehen.

Mein Weg führt mich nun etwas durch Pamplona, während die Stadt langsam erwacht. Die Suche nach einem Buchladen verläuft ergebnislos und mein Ziel einen neuen Atlas zu kaufen, scheitert erst einmal. Zwar ist der französische Atlas noch ein paar Kilometer ganz nützlich, aber ganz ohne Orientierungshilfe will ich es doch nicht wagen. Vielleicht habe ich im nächsten Einkaufszentrum mehr Glück. So wirklich weiß ich nicht, was ich machen soll und setze mich wieder in ein Café, um bei einem erneuten Café con leche, der übrigens deutlich besser schmeckt und viel günstiger ist als in Deutschland, zu lesen. Auch ein Toastbrot mit Olivenöl und Tomatenpaste kaufe ich mir, auch wenn mein Spanisch sehr zu wünschen übrig lässt. Hauptsache die Verkäuferin hat mich verstanden. Nun habe ich Zeit ein wenig über die zurückgelegte Strecke nachzudenken und habe sehr gemischte Gefühle. Es stimmt, die Strapazen und Anstrengungen waren verdammt hart und eines ist sicher, diese Route werde ich niemals wieder mit dem Fahrrad in Angriff nehmen. Aber so werde ich Frankreich nicht ganz gerecht. Die Landschaft war unglaublich schön und ich bereue nicht einen Meter. Leider gab es nach dem Zentralmassiv nur einen kurzen erholsamen Abschnitt, weshalb meine Geduld mit den Bergen und Hügeln sehr strapaziert wurde. Nichtsdestotrotz bin ich sehr froh über die Erfahrung und bin mir sicher, dass mir keine Strecke der Welt mehr das Fürchten lehren kann. Was ich jedoch mit Sicherheit nie verstehen werde, ist die Beliebtheit für französische Weine. Jeder einzelne, ob teuer oder spottbillig, ob „Grand Vin" oder No-Name, alle waren sie enttäuschend. Wie kann man diese säuerliche Plörre mit chemischer Note überhaupt zum Verkauf zulassen?

Um 12 Uhr öffnet das Refugio und ich kann endlich mein Fahrrad holen. Es fällt mir sehr schwer an einem Ort zu bleiben, denn es zieht mich immer weiter in die Ferne. Paradox, dass ich nach so vielen Kilometern und Bergen immer noch Lust habe. Man kann sogar sagen, dass ich das Bedürfnis habe, weiterzufahren. Spanien ist, wie ich es mir vorgestellt habe, sehr heiß. Vor allem mittags und Mitte August sollte man sich gut überlegen, ob es ratsam ist, mit dem Fahrrad loszufahren. Pamplona liegt außerdem in einem Tal mitten in einer Art Sand- und Steinwüste, welche weder Schatten noch Abfahrten bietet. So quäle ich mich auf die nächste Anhöhe und suche auf meiner sich dem Ende neigenden Straßenkarte nach einem besseren Weg. Die Landschaft hier ist völlig anders als in Frankreich. Fast so wie man sich Mexiko oder Texas vorstellt. Es wachsen sogar vereinzelt Kakteen hier. Das alles ist aber nur halb so schlimm. Im vergleich zu Frankreich ist das quasi Wellnessurlaub. Nur die Kreisverkehre machen mich verrückt. Die haben einfach keine Schilder. So fahre ich auf Gutdünken den Weg entlang und hoffe auf ein Schild, um zumindest erahnen zu können, wo ich mich befinde. Irgendwann komme ich an einer Tankstelle vorbei und frage nach der nächsten Stadt, Puente la Reina. Ich bin zwar falsch abgebogen, aber die Hauptstraße soll mich an mein Ziel führen. Leider sind die Straßenkarten der Tankstelle zu grob und auch ein bisschen zu teuer, weshalb ich mich wieder auf den Weg mache und einigen Lastwagen und schnell vorbeisausenden Seats begegne.

In Puente la Reina muss ich die Herberge ein wenig suchen, finde sie dann aber schließlich und muss nur vier Euro dafür bezahlen. Einige Fußpilger haben auch schon die Betten bezogen und ich mache mich daran, meine Klamotten zu waschen und alles für die Nacht vorzubereiten. Hier im Schatten ist die Hitze sehr angenehm, viel besser als die kalten Morgen in Frankreich und außerdem können die Klamotten schneller trocknen. Diese sind übrigens nicht mehr ganz so ansehnlich wie am Anfang dieser Reise. Ich habe mich extra für eine rotblaue Kombination entschieden, um von Kraftfahrzeugen besser gesehen zu werden. Dies war auch eine sehr gute Idee, aber die Flecken und Verfärbungen lassen mich sehr versifft aussehen. Zudem stinken meine Schuhe auf bestialische Weise. Im Wasser einweichen hilft nicht und so muss ich darauf hoffen, dass niemand meine Käsefüße erschnuppert.

Als Nächstes mache ich mich daran die Stadt zu erkunden und muss ernüchternd feststellen, dass noch Siesta ist. Zurück im Refugio treffe ich auf eine US-Amerikanerin und komme mit ihr ins Gespräch. Sie ist ein wenig spirituell aufgelegt und wiederholt die ganze Zeit, dass sie gerne „out of the box" denkt und „other people their sentences" beenden lässt. Dabei lässt sie mich kaum zu Wort kommen. Wir beschließen, etwas durch die Stadt zu schlendern und sie erzählt mir, wie toll sie Europa findet, aber ihr Herz doch eher für die USA, „the land of the free", schlägt. Etwas komisch ist die Frau schon, da sie von der ersten Kirche in der wir sind, total begeistert ist und mir erzählt, dass dies ihre erste Kirche in Europa sei. Ein wenig verwundert bin ich schon, immerhin muss sie als Fußpilgerin mindestens schon vier Tage unterwegs sein und fast jeder Pilger geht in die Kirchen, um sich die Stempel abzuholen. Schließlich wird es ganz merkwürdig, als sie plötzlich anhält und von einem „unknown spiritual book" redet. Meine Frage, ob es die Bibel sei, verneint sie. Es sei ein Buch, welches jedes Wunder dieser Welt erklärt und „the truth" enthält. Sie ist völlig überzeugt vom Wahrheitsgehalt und erklärt mir, dass sogar der berühmte US-Fernsehstar Oprah Winfrey dieses Buch gelesen haben soll. Na dann. Die Tatsache, dass sie Krankenschwester ist, Ärzte für Pfuscher und ihre eigene „Heilkraft" als ausschlaggebend für die Heilung ihrer Patienten hält, lässt diese Frau noch dubioser wirken. Zum Schluss packt sie noch eine Geschichte aus, wonach sie bei der Pyrenäenüberquerung getrödelt hat und eingeschlafen ist. Sie ist offenbar mitten in der Nacht vom Nieselregen mitten im Nirgendwo aufgewacht. In den Pyrenäen kann es nachts auch im Sommer sehr kalt werden und anstatt in Panik zu geraten, wie jeder andere denkende Mensch, spaziert sie mit ihrer kleinen Taschenlampe munter weiter, bis sie einige Stunden später in einem Refugio ankommt. Wenn das keine interessante Begegnung war.

Wenig später lerne ich noch eine andere Frau kennen. Sie kommt aus Hessen und ist, sagen wir mal, etwas einfach gestrickt und dem Alkohol, wie ich, nicht abgeneigt. Was mich sehr erstaunt hat, ist ihr Grund auf diese Reise zu gehen. Offenbar leidet sie unter hoher Belastung in ihrer Arbeit und ist eines

Tages auf einen Obdachlosen gestoßen, auf den sie so unglaublich neidisch war, dass sie unbedingt etwas machen musste. Ich nehme mal an, dass die „Freiheit" des Obdachlosen eine gewisse Anziehungskraft auf sie ausgeübt hat. Dass sie sich Spanien ausgesucht hat, ist wohl eine Trotzreaktion, da ihre Mutter nicht wollte, dass sie hierherkommt. So hat wohl jeder seinen Grund hier zu sein.

Tag 23 – 15.08.2012
Strecke: Puente la Reina – Ventosa
KM: 100   Gesamtstrecke: 1.990 km
Zeit: 7h 04min   Uhrzeit: 6.30 – 18.20

Die gestrige Hitze animiert mich schon um 5.15 Uhr aufzustehen. Außerdem hat mich das nächtliche Schnarchkonzert keine Sekunde länger schlafen lassen. Mein Plan, früh durchzustarten, wird durch einen erneuten Platten im Vorderreifen vereitelt. Diesmal möchte ich gleich den Schlauch mit meinem neuen tollen Schraubenschlüssel austauschen und aufpumpen. Flicken kann ich später immer noch. Die in Frankreich gekaufte Ersatzpumpe erweist sich zwar als wirkungsvoll, allerdings zerfällt sie nach etwa zehn Anstößen in ihre Einzelteile. Doch zum Glück gibt es hier noch weitere Radfahrer und so „leihe" ich mir eine Pumpe aus. Diese ist sehr gut und macht meinen Reifen wieder einigermaßen flott. Trotzdem sollte ich eine richtige Pumpe an einer Tankstelle ansetzen. Nachdem die geliehene Pumpe im Schutze der Dunkelheit wieder an ihrem Platz verstaut ist, fahre ich im Morgengrauen hinaus.

Die Tage werden langsam wieder kürzer, vor zwei Wochen gab es um diese Uhrzeit schon Sonnenlicht. Aber vielleicht liegt es auch daran, dass ich weiter südlich bin. In dieser geheimnisvollen Dämmerung geht es über die Brücke von Puente la Reina auf eine ausgestorbene Landstraße. Mein Radführer meint, dass der Verkehr auf dieser Straße seit der Eröffnung der Autobahn stark nachgelassen hat und in der Tat sehe ich nur geschlossene und langsam zerfallende Tankstellen auf der Straße und vernehme dann und wann Geräusche der nahegelegenen A-12. In Estella finde ich endlich eine offene Tankstelle und versuche meinen Reifen aufzupumpen. Leider ist das neue Ventil nicht geeignet für spanische Tankstellenpumpen. An sich kein Problem denke ich mir, dann kaufe ich eben eine neue Pumpe. Der nette Tankstellenbesitzer versucht unterdessen sein Möglichstes, um zu helfen, aber leider hilft es nicht. Zum Glück kommen zwei Rennradfahrer vorbei und bieten mir ihre Hilfe an. Sie haben eine Pumpe dabei und bekommen mein Rad wieder auf Vordermann. Sie erklären mir jedoch, dass heute in ganz Spanien Feiertag ist und ich mit Sicherheit nichts kaufen kann. Na super, also keine Pumpe und keine Straßenkarte. Als sie hören, dass ich aus „Alemania" komme, schauen mich beide sehr beeindruckt an, nur der Tankstellenbesitzer stampft wütend auf dem Boden auf und murmelt irgendetwas, bei dem „Alemania" und „Angela Merkel" mehrmals vorkommen.

Ich fahre weiter durch eine fast verlassene Stadt und komme bei Wind, Steigungen und sogar ein bisschen Regen in Logroño an, einer sehr schönen Großstadt, in der an diesem

Feiertag das Leben pulsiert. Ich genehmige mir ein paar Tapas und ein Bier, auch wenn die Auswahl für Vegetarier sehr eingeschränkt ist und die Preise ganz schön happig für die kleinen Mengen sind und genieße die kleine Pause. Die Wege hierher waren völlig anders, als die in Frankreich, alles ist viel steiniger und gelber, aber es ist sehr interessant und eine tolle Abwechslung. In eine solche Landschaft fügen sich die Häuser nicht wirklich ein und es sieht alles etwas künstlich dahingeklatscht aus. Ich bin auch an einigen verlassenen Häusersiedlungen, wie man so oft im Fernsehen sieht, vorbeigefahren – etwas gruselig diese Geisterstädte. Dennoch bin ich begeistert von Spanien und froh über diesen neuen Weg. Viele Dörfer sind heute festlich geschmückt und bieten auf einer Art Jahrmarkt mit Karussells viele süße Versuchungen an. Ich muss jedoch zugeben, dass mir das französische Gebäck etwas besser geschmeckt hat. Die darauf folgende Strecke ist etwas anders und ich fahre teilweise auf einer 4-spurigen und zum Glück wenig befahrenen Straße. Offenbar ist das der einzig mögliche und auch richtige Weg, da ich überall die gelben Pfeile des Jakobswegs sehe. Die letzten zehn Kilometer werden aber immer anstrengender und ich brauche ganze drei Stunden dafür. Zwischenzeitig liege ich einfach auf dem Parkplatz eines großen Winzers und schlürfe meine warme Fanta. Was in Frankreich der Mais war, sind in Spanien sicherlich die Weintrauben, aber leider sind die Reben ebenfalls noch nicht reif. Endlich komme ich in einem Dorf mit privatem Refugio an und die nette Dame, der dieses Haus gehört, ist mit den knapp fünf Euro zufrieden, die ich ihr anbiete. Ich hätte gerne die zehn Euro für diese Herberge gezahlt, wenn es hier einen Geldautomaten gegeben hätte. Das mit dem Geldabheben erweist sich in Spanien allgemein als sehr schwierig. Es gibt schlichtweg zu wenige Geldautomaten. Vielleicht haben die Banken Angst vor einer Massengeldabhebung? Das Haus selbst ist sehr gut eingerichtet und wohl für die wohlhabenderen Pilger konzipiert. Man kann hier seine Kleidung sogar in der Waschmaschine waschen und im Innenhof trocknen lassen. Dieser Luxus ist mir schon fast etwas fremd und auch die Pilger, die hier absteigen, wirken etwas merkwürdig auf mich. Sie beschweren sich unentwegt über die Strapazen des Weges und berichten von zermürbenden 15 Kilometern am heutigen Tag, während sie ihre mittlerweile dritte Zigarette anzünden. Normalerweise schafft ein ungeübter Wanderer etwa 20 Kilometer am Tag, normal sind aber etwa 30.

Tag 24 – 16.08.2012
Strecke: Ventosa – Burgos
KM: 132   Gesamtstrecke: 2.123 km
Zeit: 7h 59min   Uhrzeit: 6.20 – 18.50

Unglaublich für mich aber war, dass es in Spanien kalt werden kann. Als mittlerweile erprobter Eiseskälte-Fahrradfahrer ist das aber auszuhalten und sogar die Finger schmerzen ausnahmsweise nur wenig. Geweckt wurde ich heute Morgen durch geheimnisvollen Mönchsgesang, der durch die Lausprecher im Haus dröhnte. So konnte ich sehr entspannt meine Vorbereitung treffen, da alle anderen Pilger offenbar noch zu erschöpft sind, um früh aufzustehen. Die Strecke ist heute etwas gefährlicher, da direkt neben mir die LKW entlang donnern und ich große Angst habe, den falschen Weg genommen zu haben, da die Strecke offenbar eine spanische Autobahn ist. In meinem Fahrradbuch steht aber explizit, dass ich mich auf solche Strecken einlassen muss und so versuche ich mein Bestes, um zu überleben. Schwierig wird es nur bei Kreisverkehren, die natürlich keine Straßenschilder haben und ich mich somit immer wieder fragen muss, ob vor mir der richtige Weg liegt. Vorbei an geschlossenen Tankstellen geht es schließlich nach Santo Domingo de la Calzada. Hier finde ich endlich einen Geldautomaten und hole meinen nächsten Stempel. Nachdem ich mich etwas aufgewärmt und gefrühstückt habe, geht es weiter Richtung Burgos.

Die Strecke wird nun deutlich steiler und auch anstrengender, da es immerhin auf 1.200 Meter über dem Meeresspiegel geht. Aber nach Frankreich ist das alles fast schon als angenehm zu bezeichnen. Ich treffe auf drei Fahrradfahrer, einer ist sogar gehörlos, die große Angst vor der kommenden Strecke zu scheinen haben. Ich, der deutlich mehr Gepäck geladen hat, führe sie furchtlos an und so kommen wir langsam auf den Gipfel. Ich finde es sehr interessant, wie ich mit meinen Willen meinen Körper vorantreiben kann. Vor einigen Wochen hätte ich für diese Strecke mehrere Stunden gebraucht und müsste wohl mehrmals anhalten. Heute kann ich mich erbarmungslos die Berge hinaufquälen, fast so als ob mein Körper Endorphine ausschütten würde. Das ist mir beim Sport noch nie passiert und so richtig kann ich nicht daran glauben. Aber ich muss zugeben, dass ich nicht wirklich auf dem „echten" Pilgerweg unterwegs bin. Dieser ist sicherlich viel anstrengender, aber für mich etwas unbefriedigend. Man muss sich viel mehr auf den Weg und die Steine konzentrieren und bekommt viel weniger von der Landschaft mit. Außerdem führen diese Wege öfter durch Wälder, in denen die Sicht eingeschränkt ist und man viel langsamer vorankommt. Nach Frankreich brauche ich diese Schinderei einfach nicht mehr. Für Fahrradfahrer sind die Straßen eindeutig besser geeignet und die Aussicht ist mindestens genauso atemberaubend. Außer vielleicht auf den Straßen mit Schwerverkehr. Ich persönlich habe auch keine Lust ständig meine Klingel zu betätigen und die Fußwanderer zu stören. Da ist mir eine flüssige Fahrt lieber. In einem Kiefernwald mache ich heute Siesta, um der mittlerweile erbarmungslosen Sonne zu entkommen.

Erfahrungen mit Spaniern hatte ich mittlerweile sehr viele und muss zugeben, dass sie eine etwas andere Sichtweise auf die Dinge haben, als Franzosen und Mitteleuropäer. Praktisch jeder hier beklagt sich über Deutschland, und vor allem über Angela Merkel, wenn ich meine Herkunft erwähne. Es ist ganz klar, Deutschland ist für die Krise in Spanien verantwortlich. Ganz von der Hand zu weisen ist das nicht, aber sicherlich tragen einige spanische Gewohnheiten ebenfalls dazu bei. In einer kleinen Stadt konnte man beispielsweise den Stempel nur im Rathaus bekommen. Dieses machte erst um 12 Uhr auf, und als ich um 12.15 Uhr ankomme, ist natürlich noch alles geschlossen und eine Warteschlange steht vor der Tür. Die Angestellten kommen seelenruhig nach fünf Minuten an und unterhalten sich noch einmal 15 Minuten angeregt vor der Tür, bevor sie sich genötigt fühlen aufzuschließen. Hätte ich das vorher gewusst, hätte ich auf diesen Stempel auch gerne verzichten können. Dass die Supermärkte um frühestens neun Uhr aufmachen, ist für mich zwar etwas gewöhnungsbedürftig, aber kein Weltuntergang. Die Behauptung jedoch, Spanier würden dafür länger arbeiten, ist schlichtweg falsch. Die meisten Märkte beispielsweise machen hier um 18 Uhr zu und es gibt oftmals eine lange Siesta dazwischen. Ich war davor eigentlich noch nie in Spanien, außer einmal in Barcelona mit drei Jahren, und muss sagen, dass ich relativ vorurteilsfrei hierhergekommen bin. Leider haben sich viele Vorurteile bestätigt. Auf der anderen Seite stimmt es aber auch, dass die meisten Spanier viel freundlicher und lockerer sind, als die Menschen in Deutschland. Vielleicht sollten beide voneinander lernen.

Um circa 15.30 Uhr geht es wieder weiter und ich kann eine schöne Fahrt bergab genießen. Auf dem Weg treffe ich auf einen weiteren Radfahrer, ein Schweizer. Er ist Mitte zwanzig und offenbar noch etwas ungeübt, sonst hätte er diesen Berg nicht zur größten Mittagshitze bezwungen. Als ich ihn darauf anspreche, wirkt er trotzig und meint er wisse, was er tue. Sein hochroter Kopf erzählt zwar etwas anderes, aber wenn er meint …

Ich möchte nicht gleich nach Burgos fahren, sondern davor nach San Juan de Ortega, welches etwas abseits der Route liegt. Dieses Dorf ist zwar etwas schwer zu erreichen, dennoch genieße ich die Fahrt auf den wenig befahrenen Landstraßen.

Angeblich gibt es hier eine wunderbare „sopa de ajo" (Knoblauchsuppe), die man gegessen haben muss. Sie ist sicherlich sehr lecker, dennoch werde ich wohl nie in den Genuss kommen, da die Küche erst um 19 Uhr öffnet und es erst kurz vor 17 Uhr ist. Sehr Schade. Der weitere Weg führt mich durch ein Industriegebiet, welches definitiv nicht für Fahrradfahrer gedacht ist. Nach einer endlosen Stunde erreiche ich schließlich die Innenstadt, und das Refugio. Mittlerweile bin ich sehr erschöpft und froh, mein Ziel erreicht zu haben. Burgos ist eine große Stadt mit viel gefährlichem Verkehr und wenig hilfreichen Straßenschildern, aber die schöne Herberge macht die Strapazen und die Enttäuschung über die Suppe etwas wett. An der Rezeption mustert mich die Frau hinter dem Tresen zunächst mit skeptischem Blick und durchblättert dann mein Stempelbuch mit spitzen Fingern. Angeblich gebe es kein freies Bett mehr und ich solle auf den – natürlich doppelt so teuren – Campingplatz ausweichen. Eine Karte oder Wegbeschreibung habe sie zwar nicht, aber sie sei sicher, ich finde den Weg. Sie hat Glück, dass ich zu erschöpft bin, um wütend zu werden. Einen hasserfüllten Blick kassiert diese alte Schnepfe trotzdem. Keine Ahnung, was sie gegen mich hat, aber ich zweifle sehr stark an, dass die letzten Betten an die beiden Pilger vor mir vergeben worden sind. Also wieder aufs Fahrrad und sehr genervt zurück, denn ich meine dort ein Schild für den Campingplatz gesehen zu haben. Das Schild kann ich natürlich nicht mehr finden und so versuche ich mein Glück bei einem Passanten. Mein Spanisch ist zwar sehr eingerostet, aber für ein „busco el camping" reicht es gerade noch so. Der Mann ist unglaublich hilfsbereit und geht sogar extra zurück zu seinem Arbeitsplatz, um zu fragen, wo der Campingplatz liegt. Er schafft es tatsächlich mir verständlich zu machen, wo ich entlang muss und ich bedanke mich überschwänglich bei ihm. Wenig später habe ich mich wieder verfahren und versuche diesmal mein Glück bei einem etwas älteren Ehepaar. Ein Fehler, da es die beiden nicht sonderlich interessiert, ob ich sie verstehe und sie offenbar sehr viele Geschichten über den Campingplatz zu erzählen haben. Nach fast zehn Minuten wird es mir zu bunt und ich fahre einige „gracias" rufend einfach davon.

Als ich den Platz endlich finde, der irgendwo im Südosten liegt, bin ich sehr froh, als mir die Inhaberin einen Wohncontainer mit mehreren Betten zeigt. Zwar sind auch andere Pilger hier, jedoch kann man sich wunderbar breitmachen und erholen. Angeblich hat ein großer Supermarkt in der Nähe bis 20 Uhr offen (das wäre mein Erster in Spanien) und so mache ich mich auf den Weg zum „centro comercial". Der Laden ist wirklich sehr groß und ich bin unglaublich froh hier einkaufen zu können. Endlich gibt es alles, was ich brauche und die Preise sind auch vernünftig. Eine neue Luftpumpe, die gleiche, die der Fahrradfahrer in Puente la Reina hatte und eine Straßenkarte von Spanien und Portugal finde ich auch. Vielleicht habe ich genügend Zeit, um auch noch nach Portugal zu fahren und möchte deshalb vorbereitet sein. Zurück im Container treffe ich ein Pärchen aus Buenos Aires, welches mir sogar etwas Wein anbietet. Sie sind in ein Gespräch mit einem etwas angetrunken Mann vertieft und ich merke schnell, dass beide überhaupt keine Lust haben, sich mit ihm zu unterhalten. Ich ziehe also seine Aufmerksamkeit auf mich und ernte dafür sehr dankbare Blicke. Mich öden die philosophischen Abhandlungen des Portugiesen, der offenbar in London wohnt und einen Amerikaner als Vater hat, jedoch auch sehr schnell an. Vielleicht liegt es an meinem niedrigen Alkoholspiegel, aber Diskurse über die absolute und relative Realität der Perspektive eines Reisenden sind nicht ganz die Probleme, die mich momentan beschäftigen und ich bin sehr froh, als er sich endlich schlafen legt. Die letzten Minuten mit Sonnenlicht genieße ich vor dem Container auf einem wackeligen Klappstuhl und einem sehr leckeren San Miguel.

PS: Heute habe ich die 2.000 Kilometermarke geknackt!

Tag 25 – 17.08.2012
Strecke: Burgos
KM: 10 Gesamtstrecke: 2.133 km
Zeit: 41min Uhrzeit:

Der heutige Tag steht ganz im Zeichen der Entspannung. Wenn ich an die vergangenen Tage zurückdenke, fällt mir auf, dass ich mir sehr oft vorgenommen habe endlich mal eine Pause zu machen. Effektiv habe ich bisher nur zweimal in Cluny und Estaing einen Tag geruht. Jedes Mal, wenn ich am Abend beschließe, am nächsten Tag nichts zu tun und endlich auszuspannen, packt mich am nächsten Tag die Lust weiterzufahren. Das ständige Gefühl meine Zeit zu verschwenden und die innere Unruhe begleiten mich auch heute den ganzen Morgen und so bin ich wieder geneigt weiterzufahren, auch wenn der letzte

Abschnitt mörderisch war. Zugegeben, mein Ehrgeiz auch noch nach Portugal zu fahren ist nicht von der Hand zu weisen und es gibt schlichtweg so viel zu sehen und zu genießen, dass ein ganzer Tag auf dem Plastikstuhl fast schon frustrierend ist. Nicht viel anders ist das heute, aber ich zwinge mich hier zu bleiben und muss mir ehrlich eingestehen, dass meine Beine, mein Hintern, meine Knie und meine Ausdauer einen Tag Ruhe verdient haben. Um eine Aufgabe komme ich heute aber sicherlich nicht herum und so packe ich alles Nötige zusammen und mache mich ans Wäsche waschen. Wie immer gibt es nur kaltes Wasser, aber zumindest wird alles bei der Hitze und gnadenlosen Sonne trocken. Die Unterhose macht einen schon etwas mitgenommenen Eindruck, wird aber sicherlich noch gute Dienste leisten. Ich habe vor ein paar Tagen den Fehler gemacht mit einer normalen Unterhose zu fahren und nur die Polsterung der Fahrradhose zu benutzen. Zwei Tage lang hat alles gebrannt wie Feuer. Das brauche ich nicht mehr. Doppelt gepolstert hält in diesem Fall wirklich besser. So kommt es, dass mir eigentlich nur die Knie nach circa 70 Kilometern anfangen zu schmerzen. Alles andere hat sich mittlerweile gelegt oder wird von mir erfolgreich ignoriert. Zugegeben, die Füße sind nach einem ganzen Tag nur noch bedingt zum Laufen geeignet und meine Oberschenkel ziehen manchmal immer noch, aber das lässt sich alles aushalten.

So wirklich sauber wird natürlich nichts mit kaltem Wasser und es ist mir etwas unangenehm die Strecke weiterhin in diesen widerlichen Klamotten fahren zu müssen. Das Schlimmste sind jedoch die Schuhe. Sie stinken so abgrundtief ekelhaft und die Fahrradsocken haben diese Note ebenfalls angenommen. Einweichen und waschen hilft nichts, ich sollte alles am besten in die Waschmaschine stecken. Nachdem die Wäsche zum Trocknen aufgehängt ist, genehmige ich mir ein leckeres, im Waschbecken gekühltes Bier und mache mich dann irgendwann auf den Weg in die Stadt. Heute sind im Container zwei Italiener, die mir ein bisschen zu laut diskutieren und meine Ruhe in große Gefahr bringen. In der Stadt ist natürlich jedes Geschäft geschlossen. Ich denke immer noch in deutschen Öffnungszeiten. Deshalb schlendere ich ein wenig durch die Straßen und besichtige die Altstadt. Eine sehr imposante Kathedrale schmückt das Herz Burgos, allerdings zieht es mich nicht wirklich ins Innere. Mittlerweile habe ich so viele Kapellen, Kirchen und Kathedralen gesehen, dass mir der Anblick von außen völlig reicht. Außer wenn es zu warm ist und ich einen kühlen Ort suche. Unverrichteter Dinge fahre ich wieder zurück und verfahre mich dabei wieder. Diese Stadt ist viel zu groß und zu verwirrend.

Zurück im Container lasse ich den Tag mit noch mehr Bier, welches – habe ich das schon erwähnt – unglaublich lecker ist und etwas lesen ausklingen. Gegen 20 Uhr kommt noch eine Gruppe spanischer Fahrradfahrer an und verursacht einen Höllenlärm bis spät in die Nacht. Zum Glück habe ich Ohropax und einen angenehmen Alkoholpegel.

Tag 26 – 18.08.2012

Strecke: Burgos – Sahagún

KM: 147 Gesamtstrecke: 2.281 km
Zeit: 7h 16min Uhrzeit: 6.10 – 18.50

Ich bin wohl der Einzige in Burgos, der so früh aufsteht. Es ist noch dunkel und der Weg will mehr erraten, als erkannt werden. Dennoch bin ich wieder froh über die frühe Abfahrt. Die Straßen sind leer, die Temperatur angenehm kühl und in Burgos gibt es sogar einen Radweg bis an die Stadtgrenze. Nach einigen Kilometern leichten Aufstieges lasse ich jegliche Zivilisation hinter mir und befinde mich auf einer einsamen Landstraße. Das Sonnenlicht kämpft sich immer weiter durch die Atmosphäre und bietet einen atemberaubend schönen Ausblick auf das hinter mir liegende Tal. Ich halte an und beobachte, wie die weit entfernte Sonne durch den Nebel, der in der Senke liegt, emporsteigt und die karge hellbraune Landschaft erleuchtet. Ein wirklich wunderbarer Anblick, den ich hier ganz alleine genießen kann. Jetzt kommt, wie es in meinem tollen Fahrrad-Reiseführer steht, wechselndes Gelände. Ein sehr verwirrender Ausdruck, da der Autor damit jedes Mal eine mittelstarke Steigung meint, aber ich bin mittlerweile an einem Punkt angekommen, an dem ich alles akzeptiere und über die Fehler in diesem Buch hinweglächle. Wenn das nicht hilft, schmeiße ich das Buch auch auf den Boden und wünsche dem Autor und seiner Familie viele unschöne Dinge an den Hals. Das hilft auch manchmal. Aber eigentlich ist die Strecke wundervoll und wohl die bisher schönste in Spanien. Nach einer Stunde kommt sie dann, die erste komplett flache Landstraße seit 1.000 Kilometern. Zum Teil kerzengerade führt sie durch Weizenfelder und ermöglicht es mir unglaublich viele Kilometer zu machen. Um 9.45 Uhr habe ich schon über 50 Kilometer geschafft und gönne mir ein leckeres Frühstück. Auf dem Weg begegne ich immer mehr Fußpilgern, die diese „Pilgerhighways" nutzen, die hier überall angelegt worden sind und auch einigen Fahrradfahrern. Meistens überhole ich jedoch beide Sorten und das hebt die Stimmung noch mehr. Ich fahre weiter und komme gegen Mittag in einem kleinen Dorf an, in dem ich einen weiteren Stempel bekommen möchte. Die ältere Dame in der Kirche will mich gar nicht mehr weiterfahren lassen und erzählt mir die gesamte Geschichte der Kirche und der ausgestellten Heiligen. Sie ist total begeistert und kennt offenbar jede Anekdote dieser Kirche. Ich nicke höflich und tue so, als ob ich irgendetwas verstehen würde. Ein wenig verstehe ich sie sogar und lasse wohl positionierte spanische Fragewörter fallen. Nach fast 15 Minuten steigen meine Sorgen um mein Fahrrad jedoch immer weiter, weshalb ich die Kirche dann doch verlasse. Einen hasserfüllten Blick der Dame habe ich dennoch kassiert. Warum weiß ich nicht. Vielleicht wollte sie zusammen mit mir beten?

In Carrión de los Condes, der größten Stadt vor meinem Ziel Sahagún, halte ich an und gehe in die erstbeste Kirche, um mich ein wenig auszuruhen. Dummerweise stoße ich mir den Kopf an dem viel zu niedrigen Türrahmen und platze mitten in eine Gebetsstunde von circa 20 Nonnen. Die Jüngeren können sich das Lachen über meine Tollpatschigkeit kaum verkneifen, doch die Älteren, strengeren Nonnen setzen zum Singen an und retten somit die Situation. Ich, in meiner Ehre etwas gekränkt, setze mich demonstrativ auf eine Bank und beschließe erst nach dem Lied zu gehen. Dieses dauert aber offenbar mehrere Stunden, weshalb ich nach zehn Minuten überstürzt, den Blickkontakt meidend, aus der Kirche stürme. In der Stadt findet heute ein Fahrradrennen statt und ich muss mich mit meinem Gefährt durch die Menschenmassen und Absperrbänder quetschen. Es ist außerdem unerträglich heiß geworden, und da jeder Schatten von Pilgern okkupiert ist, suche ich die Herberge auf, um die Mittagshitze zu überdauern. Ich muss mehrmals versichern, dass ich ja nicht vorhabe, hier übernachten zu wollen, denn fehlende Schlafplätze werden ein immer größeres Problem, je näher ich mich Santiago nähere. Ich darf bleiben und genieße meine wunderbar kalte Gazpacho aus dem Tetra Pack.

Die Strecke nach Carrión erweist sich als sehr anstrengend. Die Sonne ist immer noch erbarmungslos, aber irgendwann muss ich einfach losfahren. Viel schlimmer ist jedoch der Wind, der mir die ganze Fahrt entgegenbläst. Ich habe sogar teilweise das Gefühl nur in Schrittgeschwindigkeit vorranzukommen und all meine Kräfte dafür zu opfern. Nach schier endlosem „gegen den Wind stemmen" und fluchen, komme ich schließlich in Sahagún an. Das Refugio ist zum Glück sehr schön, kostet nur vier Euro und hier treffe ich auf einige deutsche Pilger, viele auch jünger als ich, welche allerdings ein bisschen merkwürdig sind. Vielleicht liegt es an ihrem religiösen Eifer oder daran, dass sich eine eindeutige Gruppe gebildet hat und Fremde unerwünscht sind. Ich persönlich würde es als störend empfinden nur Deutsche um mich herum zu haben. Das nimmt sehr viel Spannung aus dem Unternehmen und ist doch nicht Sinn und Zweck des Ganzen, aber wenn man möchte. Auch ein polnisches Wanderpärchen ist in der Herberge. Letzteres ist jedoch noch merkwürdiger, denn als ich beide auf Polnisch anspreche, ist der Mann sehr abweisend und meint sogar, dass sie es vermeiden mit Polen und eigentlich auch anderen Menschen in Kontakt zu kommen. Das ist alles sehr unhöflich, aber zum Glück ist die Frau etwas netter. Was ich dann erfahre, haut mich fast aus den stinkenden Socken. Sie ist Studentin in Lublin und er geweihter Pfarrer, ebenfalls aus Lublin. Na, wenn da nicht jemand Angst um seine „Freundin" hat.

Eine Person fällt in der illustren Runde besonders auf. Er ist Spanier, Ende zwanzig und sehr „kontrovers" was seine Aussagen und Geschichten angeht. Ich versuche mit ihm ins Gespräch zu kommen, da das polnische Pärchen mich offensichtlich nicht mag, oder zumindest der Pfarrer und die Deutschen mir ein wenig zu weltfremd über Gott und ihren Glauben philosophieren. Mir wird jedoch schnell klar, dass auch dieser Spanier eine ganz eigene Sicht auf die Dinge um sich herum hat. Er hält mein Fahrradfahren für sinnlos und nicht halb so anstrengend wie sein Laufen, da ich ja bergab fahren kann. Mein Argument schon deutlich mehr Kilometer gemacht zu haben als er, zählt natürlich nicht. Als Nächstes gibt er allen Nordeuropäern die Schuld an der Finanz- und Wirtschaftskrise und meint, sie sollten den Süden mehr helfen. Die Diskussion wird immer abstruser, als er plötzlich seine Meinung ändert, den Südeuropäern die Schuld gibt und die Todesstrafe für korrupte Beamte und Politiker fordert, wie sie z. B. in Singapur praktiziert wird. Habe ich erwähnt, dass er Rechtsanwalt ist, mit einer Spezialisierung auf internationales Strafrecht? Überhaupt ist er von den Asiaten und ihrer Arbeitsweise sehr angetan, lobt sie unentwegt und meint, selber eine solche Arbeitsmoral an den Tag zu legen. Warum er dann so schrecklich über die bisherige Strecke stöhnt, obwohl er erst seit Burgos läuft, frage ich mich, aber ich komme nie dazu, ihm diese Frage zu stellen. Denn als er ein isländisches Ehepaar angreift, da die isländische Wirtschaftskrise seiner Meinung nach Hauptverursacher der Krise in Spanien ist, wird es mir zu blöd und ich lege mich schlafen. Soll er doch in sein wunderbares Asien zurück und dort glücklich werden. Mir will aber nicht aus dem Kopf, dass er mich vielleicht nur gerne provozieren wollte. Das hat er dann aber sehr gut geschafft. Es sind mir aber schon mehrere Personen begegnet, die mein Fahrradfahren für eine nicht adäquate Form des „Pilgerns" halten. Viele Probleme müssen die Menschen nicht haben, wenn sie sich über derlei Unwichtigkeiten aufregen können. Aber ich muss zugeben, dass ich von Fahrradfahrern, deren Klingel mir ständig im Nacken sitzt, auch nicht angetan wäre. Gut, dass ich auf meinen Straßen niemanden belästige und ruhigen Gewissens weiterfahren kann.

Tag 27 – 19.08.2012
Strecke: Sahagún – Astorga
KM: 114   Gesamtstrecke: 2.395 km
Zeit: 6h 21min   Uhrzeit: 6.10 – 14.30

Heute Morgen bin ich auf Party-Spanier getroffen, die gerade aus der Disco auf dem Weg nach Hause waren. Das Brummen der Musik ist zwei Dörfer weiter noch zu hören, aber stören tut mich das nicht. Endlich gibt es mal etwas Leben auf den Straßen. Normalerweise ist früh morgens überhaupt nichts los. Leider ist der heutige Weg sehr bescheiden. Zuerst verfahre ich mich total und versuche etwa eine Stunde auf einem Kiesweg voranzukommen. In der Dunkelheit ist die Orientierung schwierig, aber das Hauptproblem ist es, den optimalen Rhythmus zu finden. In León, einer großen Stadt, verfahre ich mich mehrmals und kann nur schwerlich den Weg finden. Irgendwie glaube ich, dass mein Fahrradführer hier große Schwächen aufweist, da mich der Weg irgendwann auf eine Autobahn bringt, die in Deutschland sicherlich nicht von Fahrrädern befahren werden dürfte. Sechs Spuren und unglaublich schnelle Autos lassen mich weiche Knie bekommen. Angeblich ist der Weg für Fahrradfahrer zugelassen, ich bin allerdings unglaublich froh, nach einigen Kilometern auf normale Landstraßen ausweichen zu können. Auf ihnen ist vielleicht nicht wirklich weniger Verkehr, aber zumindest sind die Autos etwas langsamer.

Völlig erschöpft komme ich irgendwann in Astorga, einem schönen kleinen Städtchen, an. Hier treffe ich auf Ivan und den gehörlosen Fahrradfahrer von vor ein paar Tagen wieder. Ich kann es kaum glauben, Ivan müsste nach meinen Berechnungen schon längst vor Santiago sein, immerhin hat er erst bei den Pyrenäen angefangen. Er meint aber nur, dass seine Gruppe und er andere und langsamere Wege fahren, weshalb sie länger bräuchten. Wir beschließen gemeinsam essen zu gehen und uns die Stadt anzuschauen. An diesem Sonntag ist die ganze Stadt voller Touristen und es wird sogar ein kleiner Jahrmarkt eröffnet. Hier genehmige ich mir auch ein paar Churros, also in Fett gebackene Teigschlangen und beobachte eine kleine Vorführung mit Spielzeuggewehren für die Touristen. An dieser Stadt fällt wunderbar auf, wie anders die spanischen Städtchen zu den französischen sind. Natürlich ist die Landschaft anders, viel bräunlicher und kahler, aber auch die Architektur, Straßen, und das Gesamtbild haben ihren ganz eigenen Charme. Es ist super all diese verschiedenen Facetten zu sehen. Zurück in der Herberge treffe ich auf eine Pilgerin in meinem Alter. Verena kommt aus Südhessen und versucht sich ebenfalls auf dem Weg, auch wenn sie irgendwo in der Mitte Spaniens angefangen und schon heftige Blasen an den Füßen hat. Sieht ganz schön schlimm aus, aber meinen Rat die Blasen aufzuschneiden, möchte sie nicht befolgen. Angeblich hat irgendeine „weise Frau" eine bessere Methode. Das Gespräch ist sehr nett und eine tolle Abwechslung, aber leider werde ich Verena auf meinem Weg wohl nicht mehr wieder sehen.

Tag 28 – 20.08.2012
Strecke: Astorga – Villafranca del Banzo
KM: 83   Gesamtstrecke: 2.478 km
Zeit: 5h 45min   Uhrzeit: 6.45 – 20.00

Der Tag beginnt mit einer falschen Abzweigung. Zunächst führt mich der, mit in den Boden gelassenen leuchtenden Muscheln, markierte Weg aus dem Städtchen heraus und ich kann innerhalb weniger Minuten alle Fußpilger hinter mir lassen, auch wenn diese schon vor über einer Stunde losgelaufen sind. Ich weiß, dass es ab heute wieder bergauf geht, da die südlichen Ausläufer des Kantabrischen Gebirges auf mich warten, welches die Grenze zu Galicien, der Region in der Santiago de Compostela liegt, ist. Zwar habe ich im Gegensatz zu den anderen Fahrradfahrern, die ich gestern getroffen habe, keine sonderliche Angst vor den Bergen, leichtsinnig sollte man dennoch nicht sein. Immerhin bin ich deutlich erschöpfter als vor einigen Wochen und hier werde ich den höchsten Gipfel auf meinem gesamten Weg erklimmen.

Falsch abgebogen bin ich in einem kleinen Dorf, das auf den ersten Blick sehr nett und rustikal wirkt. Leider ist es mit Pflastersteinen versehen die eine flüssige Fahrt unmöglich machen. Nach einigen Minuten finde ich mich auf einem Waldweg wieder und bin mir absolut sicher, dass das die falsche Abzweigung war. Wieso stellen diese Spanier so wenige Straßenschilder auf? Die folgende Stunde schiebe ich mein Fahrrad einen Berg hinauf auf der Suche nach einer befestigten Straße. Zum Glück finde ich diese und kann im Morgenrot und einer Mischung aus Nebel und Nieselregen die Straße hinauffahren. Besonders steil ist sie nicht und eigentlich ist die Berglandschaft sehr schön hier. Am Straßenrand wachsen kleine Büsche, die der sonst rot-gelben Landschaft einige Farbtupfer verleihen. In einem kleinen Dorf kaufe ich bei einem Bäcker, der von seinem Fahrzeug aus verkauft, ein Baguette und frühstücke. Hier tummeln sich schon mehre Pilger und stören die Auto- und Fahrradfahrer, indem sie mitten auf der Straße laufen. Ich versuche zumindest rechts zu fahren, um die Autofahrer nicht allzu sehr zu stören.

Die folgende Strecke ist deutlich steiler und anstrengender. Hier treffe ich auf ein älteres niederländisches Ehepaar, welches ebenfalls auf Fahrrädern unterwegs ist. Ich bin total begeistert, da beide am gleichen Tag in den Niederlanden losgefahren sind wie meine Wenigkeit und in etwa die gleiche Anzahl an Kilometer hinter sich haben. Und beide sind deutlich über 50 Jahre alt! Zugegeben, ihr Weg zu den Pyrenäen ist flach, aber dennoch haben beide meinen größten Respekt. Da ich jedoch etwas schneller bin, fahre ich die Straße, die sich immer höher den Berg hochschlängelt weiter und genieße die schöne Landschaft. Dabei versuche ich die wieder einmal penetranten Fliegen zu ignorieren. Ein spanischer Fahrradfahrer, der offenbar das gleiche Problem mit den Fliegen hat, kommentiert mein „mit der Hand umherwedeln" treffend mit „puta mosca". Aber auch sonst ist die Region voller Leben. Vor allem Vögel gibt es hier in einer unglaublichen Vielzahl. Auch wenn ich keinerlei ornithologische Kenntnisse habe, bemerke ich den Reichtum dieser Gegend und genieße das Naturschauspiel. Nach einigen immer steiler werdenden Bergen komme ich endlich auf einen Gipfel, auf dem ein großer Steinhaufen liegt. Hier, so die Legende, sollen Menschen seit Jahrhunderten ihre Steine ablegen. Mir persönlich kommt der Haufen aber sehr klein dafür vor. Ich packe den „Freiburg-Stein" aus und lege ihn auf den Haufen. Hier bietet es sich auch an, die Landschaft etwas zu bewundern. Alles ist viel grüner als in den Tagen zuvor und irgendwie erinnert es mich an die Alpenregion.

Ab jetzt geht es endlich bergab. Die Strecke ist als besonders gefährlich verschrien, da hier einmal ein deutscher Fahrradfahrer tödlich verunglückt ist. So sause ich trotzdem in sehr gefährlichen Geschwindigkeiten bis nach Ponferrada, einer großen Stadt, in der ich noch vor der Siesta einkaufen kann. Vor dem Supermarkt mache ich es mir gemütlich, den Blick immer auf mein Fahrrad gerichtet.

Mein Anblick ist wohl vielen Einwohnern ein Dorn im Auge. Einige ältere Damen beäugen mich argwöhnisch und machen einen großen Bogen um mich. Nur die Verkäuferin der nahegelegenen Pizzeria hat Mitleid und bietet mir an, auf den Stühlen vor dem Lokal zu essen. Sie bringt mir sogar ein Stück Pizza. Das ist unglaublich nett, aber für mich der totale Albtraum. Unglücklicherweise ist das Pizzastück voller Speck, und da ich seit Jahren kein Fleisch mehr esse, ein großes Problem für mich. Was im Folgenden passiert ist, werden meine Familie und Freunde wohl niemals glauben, aber ich habe das Stück tatsächlich runtergewürgt, da ich diese nette Frau wirklich nicht enttäuschen wollte. Zumindest ist mir wieder klar geworden, dass mich der Geschmack immer noch anwidert.

Heute merke ich die letzten Tage noch mehr in den Knochen als sonst. Immerhin bin ich schon 28 Tage unterwegs. Zur Aufmunterung genehmige ich mir ein Bier. Bitte nicht denken, dass ich die ganze Zeit trinken würde, es schmeckt in Spanien einfach zu gut. Danach fahre ich weiter, da die Mittagshitze hier ganz gut erträglich ist. Der Weg führt bald wieder bergauf und ich werde immer mehr müde und lustlos. Auf einem Abschnitt hat mich sogar ein Fahrradfahrer überholt, was sonst praktisch nie vorkommt und so beschließe ich, morgen nur um die 30 Kilometer zu machen. Ich komme in Villafranca del Banzo erst um 20 Uhr an und muss erst noch nach einer Unterkunft suchen. Ein Koreaner oder Japaner lässt mich irrtümlicherweise den Berg runter fahren, obwohl es da keine Herberge gibt. Er wartet auf seine Freunde und wollte offenbar nicht, dass ich den Platz in der Herberge wegschnappe. Die Herberge „Ave Fenix" selber wird in meinem zweiten Reiseführer, das ich explizit für diesen Abschnitt gekauft habe als interessant, familiär und rustikal bezeichnet. Ich finde Rattenloch würde es eher treffen. Ein solches Etablissement habe ich auf dem Weg noch nicht getroffen, aber ich bin einfach zu müde um mein Zelt irgendwo aufzuschlagen. Der Inbegriff der Widerlichkeit ist das hier. Das angebotene Essen lehne ich dankend ab, auf Bandwürmer habe ich keine Lust. Diese Herberge ist so unglaublich verdreckt, stickig, stinkend, überfüllt und unhygienisch, dass es mir wirklich die Sprache verschlägt. Die Leute hier passen aber irgendwie rein. Einige Tage später erfahre ich übrigens, dass diese Herberge von Bettwanzen heimgesucht wurde. Wundern tut mich das nicht.

Eine Sorte Pilger ist seit einiger Zeit immer häufiger anzutreffen und belustigt mich zusehends. Ich würde sie als Freizeitpilger bezeichnen, die offenbar ohne jegliche Vorbereitung mit einem winzigen Rucksack umherspazieren. Die meisten von denen sind entweder an der Zigarette im Mundwinkel oder den Flipflops an den Füßen zu erkennen. Mich persönlich verwundern sie nur und bieten mir die Möglichkeit mich über jemanden lustig zu machen. Richtige Fußpilger sind wahrscheinlich etwas mehr genervt von ihnen, da sie scharenweise die Herbergen belegen.

Tag 29 – 21.08.2012
Strecke: Villafranca del Banzo – Lusío
KM: 64   Gesamtstrecke: 2.543 km
Zeit: 4h 26min   Uhrzeit: 7.15 – 13.30

Ich werde heute Morgen von streunenden Katzen geweckt, die urplötzlich neben meinem Ohr miauen müssen. Aber ich bin ohnehin froh diese Kloake schnell verlassen zu können. Der folgende Abschnitt wird von Hape Kerkeling als „die Hölle" bezeichnet. Ich persönlich finde es eigentlich ganz nett. Es geht immer an der Straße entlang, umringt von hohen Bergen. Zwar ist sehr viel Beton verarbeitet und es hat nicht annähernd den Charme, den ich auf ähnlichen Strecken in Frankreich genießen konnte, dennoch habe ich es mir viel schlimmer vorgestellt. Bald schon wird es immer steiler und steiler und ich muss mich drei Pässe hochquälen. Zwischenzeitlich überholen mich sogar die Niederländer, was mir aber in diesem Moment völlig egal ist. Auch die Landschaft interessiert mich heute nicht besonders, ich möchte nur diese beschissenen Berge hinter mir lassen. Auf halbem Weg überhole ich dann die Niederländer wieder, denn der Frau ist die Kette gerissen. Zum Glück ist mir das nicht passiert, denn im Gegensatz zu denen habe ich kein Kettenreparaturset dabei. Zeitweise muss ich sogar schieben und komme nur sehr langsam voran. Über Stunden zieht sich diese Quälerei hin, und obwohl mich Frankreich viel Geduld geleert hat, sinkt meine Motivation in ungeahnte Tiefen.

So sehr ich diese Strapazen verabscheue, muss ich einfach irgendwann stehen bleiben und die Landschaft bestaunen. Es ist wunderschön und völlig anders, als ich es mir vorgestellt habe. Es sieht mehr aus wie in der Schweiz oder so wie ich mir Neuseeland vorstelle. Irgendwann komme ich an einer großen Pilgerstatue vorbei, aber es geht noch höher und mein Respekt für diese Berge wächst immer weiter. In einem kleinen, völlig verlassenen Dorf treffe ich wieder auf Ivan, was für ein unglaublicher Zufall, und wir beschließen gemeinsam den Gipfel auf 1.330 Metern zu erzwingen, der höchste auf meiner gesamten Strecke. Außerdem liegt hier die Grenze zur Autonomen Gemeinschaft Galiciens. Offenbar will mir Ivan etwas beweisen, da er gleich ein Tempo an den Tag legt, das ich mit meinem deutlich schwereren Gepäck nicht annähernd erreichen kann. Irgendwann kommt er jedoch ins Trudeln und schlägt mit der linken Seite hart auf dem Boden auf. Ich bin darüber sehr besorgt, den das sah gar nicht gesund aus. Ivan versucht sich aber an einem gequälten Lächeln und besteht darauf, dass ich sage, dass der Sturz lustig sei. Das finde ich zwar überhaupt nicht, aber ich gönne ihm den Spaß. Schließlich erreichen wir den Gipfel und werden von den im Café sitzenden Pilgern, die es ebenfalls hier heraufgeschafft haben, mit Beifall empfangen.

Ab hier verliere ich Ivan aus den Augen und fahre bergab bis zum nächsten Supermarkt. Meine Knie schmerzen jetzt schon und ich bin nicht in der Stimmung auf weitere Kilometer. In meinem Reiseführer habe ich von einer etwas entlegeneren Herberge gelesen, in der ich gerne übernachten möchte. In Erwartung eine Küche vorzufinden, kaufe ich mir Pasta und fahre weiter. Die Herberge ist in der Tat etwas abgelegen, aber das Schönste was ich hier je an Unterkünften gesehen habe. In einem alten verlassenen Herrenhaus, mitten im Nichts, nur umringt von einem Kuh- und Ziegenstall und einem kleinen Bauernhaus, steht dieses Luxusgebäude. Das Innere ist modern in Weiß- und Rottönen gehalten und diverse Glaselemente und Lichter erzeugen ein modernes Ambiente. Die Dusche ist supersauber und gepflegt, eigentlich ist hier alles gepflegt. Da kann sich manch Luxushotel eine dicke Scheibe abschneiden. Ich bin sogar völlig alleine bisher und es kostet nur fünf Euro. Einziges Manko ist das Wasser, welches irgendwie chemisch – nicht nur nach Chlor – schmeckt und auf die Nudeln abfärbt, aber das ist mir heute egal.

Dieser Luxus lässt mir Raum zum Entspannen und Zeit, über die restlichen beiden Tage nachzudenken. Gegen Abend kommen dann doch ein paar Pilger, alles Spanier und machen sich im Schlafsaal, der über 100 Betten zählt, breit. Ich bin in mein Buch vertieft und merke irgendwann, dass ich wieder völlig alleine bin. Das ist sehr merkwürdig, da es in diesem „Ort" nichts außer den zwei Häusern gibt und ich niemanden erkennen kann. Um ehrlich zu sein, bin völlig alleine, nur die rund zwanzig Ziegen grasen draußen vor den Toren. Um die letzten Sonnenstrahlen genießen zu können, spaziere ich etwas um das Haus und merke, dass es von außen noch viel besser renoviert wurde. Man könnte hier wunderbar irgendwelche Tagungen oder sogar kleine Konzerte abhalten. Stattdessen steht es relativ nutzlos da und nimmt selbst in der Hauptsaison nicht mehr als zehn Pilger am Tag auf. Langsam wird mir die Sache doch ein wenig unheimlich, da ich schon seit einigen Stunden alleine bin und man nicht ein einziges Geräusch hört. Nicht einmal die Vögel singen hier und ich kann sogar das Blut in meinen Ohren pochen hören. Meine Nervosität steigt immer weiter und ich versuche mich hinzulegen, aber irgendwie fühle ich mich hier nicht ganz wohl.

Nach einer weiteren Stunde höre ich endlich, wie die Spanier zurückströmen und sich bettfertig machen. Wir kommen ins Gespräch und ich werde sogar eingeladen bei der Gruppenmassage mitzumachen. Was sich recht pervers anhört, ist superangenehm. Alle sitzen in einer Stuhlreihe und massieren sich gegenseitig den Rücken. Diese Spanier sind auch die Ersten, denen es völlig egal ist, dass ich aus Deutschland komme. Sie wollen in ihrem Urlaub nichts über Politik hören. Soll mir recht sein. Als sie mir jedoch die Geschichte über das Haus erzählen, wird mir doch etwas mulmig. Offenbar war es die regionale Hinrichtungsstätte der Inquisition, und obwohl die

Spanier nur scherzen, dass diese Mauern von Geistern heimgesucht werden, bin ich doch etwas geschockt. Dieser Ort hat eine mysteriöse Aura, und auch wenn ich an keine Geister oder ähnlichen Schwachsinn glaube, muss ich zugeben, dass es hier etwas merkwürdig und scary ist. Die Spanier waren übrigens die ganze Zeit im Bauernhof essen. Dabei bin ich extra vorbeigegangen und habe nichts gehört ...

Tag 30 – 22.08.2012
Strecke: Lusío – Melide
KM: 84   Gesamtstrecke: 2.627 km
Zeit: 6h 11min   Uhrzeit: 7.00 – 14.00

Dieses Dorf ist wirklich etwas komisch. Heute Morgen ist alles in Nebel getaucht und so fahre ich, ohne wirklich weit sehen zu können, in kühler Morgenluft weiter. Es sieht wirklich super aus und ich kann sagen, dass Galicien mich sehr gut empfängt, auch wenn es völlig anders ist, als ich es erwartet habe. Eigentlich erinnert es von der Natur etwas an Deutschland, und da es hier wegen der Nähe zum Meer kühler und regnerischer ist, muss ich meine wärmeren Klamotten wieder anziehen. Zu meinem großen Missfallen muss ich wieder Hügel erklimmen, die mir zugebenermaßen langsam unsympathisch werden. Wenn alles gut läuft, erreiche ich morgen Santiago. Allerdings hält sich die Vorfreude etwas in Grenzen. Ich habe keine Lust mehr. Das erste Mal auf dieser Strecke habe ich eine wirkliche Krise. Lustlos quäle ich mich, durchfahre Dörfer und kleine Städtchen, komme an Schlössern vorbei und erreiche schließlich ein kleines Dorf namens Casanova und bitte um eine Schlafmöglichkeit. Obwohl fast alle Betten frei sind und schon Mittag ist, meint die Herbergsleiterin, sie kann mich nicht aufnehmen. Angeblich seien Fahrradfahrer nicht erwünscht. Das hat mir noch niemals jemand so offen gesagt, auch wenn die Frau in Burgos wohl Ähnliches gedacht haben muss. Verzweifelt verlasse ich die Herberge und sacke neben meinem Fahrrad zusammen. Ich habe wirklich keine Kraft mehr weiterzufahren, und das Zelt möchte ich ebenfalls nicht aufbauen. Nach einigen Minuten wütenden Schnaubens mache ich mich doch wieder auf den Weg. Es bringt ja doch nichts. Da ich für die albergue (das spanische Wort für Herberge – ist das nicht witzig) einen Umweg nehmen musste, komme ich vom richtigen Weg ab und muss einige Kilometer um meine Orientierung bangen. Schließlich erreiche ich Melide, eine der letzten größeren Städte vor Santiago. Hier bekomme ich tatsächlich das letzte Bett und kann nach einer sehr angenehmen Dusche Pizza essen gehen. Morgen will ich Santiago erreichen und dort entscheide ich, wie es weiter gehen soll.

Tag 31 – 23.08.2012

Strecke: Melide – Santiago de Compostela
KM: 55   Gesamtstrecke: 2.683 km
Zeit: 3h 34min   Uhrzeit: 6.50 – 12.00

Ich bin ehrlich gesagt sehr verwundert, dass mich die Motivation auf den letzten Metern so im Stich lässt. Berg für Berg, Kilometer für Kilometer fahre ich lustlos dahin und überhole die Pilgerschaaren, die die Nebenstraßen vollstopfen. Schließlich komme ich am Monte do Gozo (Freudenberg) an, dem letzten Berg vor Santiago. Dieser ist besonders berühmt, da man hier das erste Mal die Kathedrale und Santiago sehen kann. Auf dem Berg ist ein großes Denkmal, das an die Wallfahrt Papst Johannes Paul II. erinnern soll. Ich bin nur unglaublich froh nicht mehr weit fahren zu müssen und versuche in der nahe gelegenen Herberge mein Bett zu reservieren. Leider ist noch alles geschlossen, da es erst kurz vor zehn Uhr ist. Auch die schnippischen Damen an der Rezeption können mir nicht weiterhelfen. Also entschließe ich mich, nach Santiago zu fahren, und das Hauptpilgerbüro aufzusuchen. Santiago selber ist, seien wir ehrlich, nicht die schönste Stadt Spaniens. Sie ist der Inbegriff einer Touristenfalle und hat einen sehr gefährlichen Verkehr. Es dauert fast eine Stunde, bis ich den Innenstadtbereich finde. Die Kathedrale ist sehr groß und beeindruckend, aber ich würde sie nicht als schön bezeichnen. Hinzu kommen die rund zehn Touristen auf einen Quadratmeter, die den Charme etwas nehmen. Aber hej, es ist Donnerstag, der 23.08.2012, elf Uhr und ich bin tatsächlich in Santiago angekommen.

Die Kathedrale wird lieber erst im September besucht, wenn hoffentlich weniger Touristen hier sind. Die Menschenmengen nerven mich gewaltig und auch im Pilgerbüro muss ich lange warten, bis man mich abfertigt. Sorgen um fehlende Stempel, musste ich mir nie machen, denn ein kurzer Blick auf meine zwei vollen Heftchen genügen der Dame hinterm Tresen. Und schließlich halte ich sie in der Hand, meine Pilgerurkunde, verfasst in lateinischer Sprache. Ob mich dieses Dokument wirklich von allen Sünden befreit oder nicht, kann ich nicht beurteilen. Auf alle Fälle ist es schön eine derartige Bestätigung meiner Reise zu haben. Offenbar heiße ich „Arturum" auf Latein. Ich hätte zwar auf Arturus getippt, aber die Damen kennen sich wahrscheinlich besser aus als ich. Die beiden Pilgerinnen hinter mir hören, dass ich aus Stuttgart komme und verwickelten mich gleich in ein Gespräch. Offenbar kommen beide auch aus der Region. Sie sagen, dass wir ja mal einen Kaffee gemeinsam trinken gehen können. Wir werden sehen. Hier kann ich mich auch nach einer Möglichkeit erkundigen, mein Fahrrad nach Deutschland zu schicken. Für 100€ wird es samt Gepäck nach Hause verschickt, und da auch der Eigentümer ganz nett wirkt, werde ich das Angebot wohl in Kauf nehmen. Als Nächstes kommen ein paar normale Pflichten auf mich zu, wie einkaufen, Internet nutzen und sich in der Stadt verirren. Da der Berg mir ein wenig zu weit weg ist, bin ich auf der Suche nach dem Campingplatz. Dies erweist sich jedoch als Odyssee dank der schlechtesten Straßenkarte der Welt. Welcher Idiot richtet eine Straßenkarte nicht nach Norden aus? Außerdem verfolgt Santiago die Keine-Straßenschilder-in-großen-Städten-Politik besonders eifrig. Schlussendlich finde ich den Campingplatz und muss das Dreifache des normalen Herbergspreises zahlen. Aber mir ist das mittlerweile egal.

Mein Plan sieht vor, diese Stadt so schnell wie möglich zu verlassen und nach Portugal zu fahren. Das mag seltsam klingen bei meinem ständigen Gejammer über die Strecke, aber ich habe einfach noch zu viel Zeit und zu wenig Lust hier zu versauern. Mich reizt außerdem die Aussicht auf einen Strand und vielleicht fahre ich dann noch nach Finisterre, dem inoffiziellen, westlichsten Punkt des Jakobsweges. Irgendwie freue ich mich darauf einen Weg zu nehmen, der weniger nervige Pilger hat und mich nach Portugal bringen wird. Ich sollte aber nicht so streng über Pilger urteilen. Auch wenn sich manch einer überhaupt nicht auf den Weg vorbereitet hat und einfach und naiv seines Weges geht, ist dieser letzte Abschnitt sehr anstrengend. Doch eine Gruppe geht mir sehr auf die Nerven, die Buspilger, die von Herberge zu Herberge gekarrt werden, um die Stempel zu sammeln und am Ende die Urkunde zu bekommen. Sie verstopfen die Herbergen, trinken jegliche Wasservorräte weg und stehen die ganz Zeit im Weg. Gute Nacht.

Fünfter Teil: Camino Português

Tag 32 – 24.08.2012
Strecke: Santiago de Compostela – Redondela
KM: 96   Gesamtstrecke: 2.779 km
Zeit: 6h 43min   Uhrzeit: 8.30 – 16.45

Offenbar findet Santiago meine Weiterreise sehr traurig, denn der wolkenverhangene Himmel fängt um etwa sechs Uhr morgens an seine Wassermassen loszulassen. Ich bleibe der weil gepeinigt durch Kälte und Unlust im Zelt. Da ich auch noch heftig aufs Klo muss, bleibt meine Stimmung auf einem niedrigen Level. Sehr spät entschließe ich mich loszufahren und packe alles ein. Frankreich lässt grüßen und ich kann getrost zugeben, dass ich das Zelten nicht vermisst habe. Zuerst wird der erste Lidl angesteuert, der unpünktlich um 9.20 Uhr – regulär 9.15 Uhr – aufmacht. Mit Schokobrötchen und Getränken versorgt mache ich mich auf den Weg über eine gefährliche Autobahnkreuzung Richtung Südwesten. Die „Fahrradverboten" Schilder übersehe ich irgendwie sehr geschickt. Es geht die stark befahrene N-550 entlang, vergleichbar mit einer Bundesstraße in Deutschland. Mein einziges Glück an diesem Tag ist, dass der Weg hauptsächlich bergab geht und ich so schnell vorankomme. Schön ist dieser Streckenabschnitt wirklich nicht, viel zu sehr bebaut und zu viel Verkehr. Meine Motivation ist hinüber, aber wirklich aufregen tue ich mich nicht. Fast schon resigniert nehme ich den immer stärker werdenden Regen wahr, und auch als dieser immer heftiger wird und anfängt mein Regencape zu durchdringen, bewahre ich Ruhe. Mir fällt außerdem auf, dass eine Tasche gerissen ist und nur mit dem Spanngummi zusammengehalten wird. Egal, nur ein Gedanke hält mich am Leben: Sonne und Wärme an Portugals Küste.

Ich komme gegen Mittag in Pontevedra an und suche mir unter der Brücke einen sicheren Platz. Ich muss jedoch dringend Pinkeln und bin froh, dass keiner in dem Moment vorbeikommt. Aber wieso auch sollte jemand bei strömenden Regen hier entlanglaufen? Die Zeit wird genutzt, um die nassen Brötchen und Chips zu essen und den weiteren Plan zu durchdenken. Ich habe noch genügend Zeit und möchte heute gerne nach Redondela. Natürlich ist die Straßenbeschilderung in Pontevedra genauso bescheiden, wie im Rest dieses Landes und so finde ich mich auf einmal nicht mehr auf der N-550, sondern auf der AP-9, der autopista 9, einer Autobahn wieder. Kein Schild warnt Fahrradfahrer vor der Einfahrt, aber kein einheimischer Fahrradfahrer würde wohl diesen Weg nehmen. Da ich aber in Spanien schon mehrmals Autobahnen entlanggefahren bin, mache ich mich auf den Weg und werde prompt von einem Polizisten im zivilen Streifenwagen angehalten. Dieser ist völlig aufgelöst und erklärt mir wild gestikulierend, dass ich hier angeblich nicht entlangfahren dürfe. Die Beschilderung ist wirklich verwirrend und dementsprechend bin ich etwas genervt, als ich ihn frage, welcher Weg den nun der richtige sei. Angeblich gibt es einen anderen weiter östlich. Also drehe ich mitten auf der autopista um und fahre zurück. Nach einstündiger Suche im heftigen Regen bin ich schon fast bereit wieder mein Glück auf der Autobahn zu probieren als ich endlich das heißersehnte Schild N-550 sehe. Die Fahrbahn hat einen gefährlichen Regenfilm und ich bin sehr bedacht, nicht ins Schleudern zu geraten.

Das könnte bei dem Verkehr sehr schlimme Folgen nach sich ziehen.

Schließlich komme ich in Redondela an. Der Weg war wie bisher relativ einfach, aber nicht besonders schön, was aber auch am Wetter liegen kann. Redondela selber ist eigentlich ein ganz nettes Städtchen, aber wie alle Städtchen zur Mittagszeit in Spanien sehr verlassen, bis auf die Obdachlosen am Bahnhof. Nach einigem Suchen erfahre ich, dass die eigentliche Herberge schon voll ist es aber eine Zweite, private gibt. Diese etwas versteckt, aber saubere und ganz nette Herberge wäre eigentlich perfekt, wenn die komplett eingerichtete Küche an Strom und Gas angeschlossen wäre. Also keine Pasta heute sondern nur mein mittlerweile nasses Baguette. Das gesamte Hab und Gut ist nass geworden, einzig die Urkunde hat es wundersamerweise heil überstanden. Sehr eklig die ganze Angelegenheit, aber was soll man machen.

Hier abgestiegen sind einige Spanier, Polen und Deutsche. Alle sind sehr nett und erzählen mir vom portugiesischen Weg, welcher eindeutig leichter ist als mein bisheriger. Sie lauschen auch gespannt meinen Erlebnissen. Ein Pilger regt sich währenddessen über Hape Kerkeling, dem es seiner Meinung nach zu verdanken sei, dass viel zu viele Pilger unterwegs sind und die Herbergen völlig überfüllt sind. Ich muss dem beipflichten, es sind für meinen Geschmack viel zu viele Leute auf diesem Weg unterwegs und diejenigen, die eine spirituelle Pilgerreise unternehmen wollen, werden sicherlich sehr enttäuscht, da die meisten hier eigentlich zum Urlaub machen hergekommen sind. Die beiden Polinnen berichten mir von einem Weg an der Küste entlang, der sehr schön sein soll. Mir gefällt die Idee, in den Süden an der Küste und wieder nach Norden im Landesinneren zu fahren.

Tag 33 – 25.08.2012
Strecke: Redondela – Ãncora (Portugal)
KM: 89   Gesamtstrecke: 2.868 km
Zeit: 5h 36min   Uhrzeit: 7.15 – 15.15

Der Tag ist wie die meisten anderen. Früh aufstehen, fahren, fahren, essen, fahren. Die Landschaft ist zugegeben deutlich schöner als gestern, da ich mich entschieden habe nicht dem „richtigen" Weg zu folgen, sondern an der Küste entlangzufahren. Es folgen ein sehr schöner Sonnenaufgang und ein Konzert der Singvögel auf meinem Weg nach Vigo, einer der größten Städte in dieser Region. Hier verfahre ich mich natürlich mehrmals und habe große Angst um mein Fahrrad, als ich kurz etwas einkaufen bin. Zum Glück verlasse ich die Stadt bald über den Küstenfahrradweg, der ab Baiona direkt an der Felsküste entlang führt. Hier sehe ist zum ersten Mal den offenen Atlantik. Natürlich muss ich sofort das Wasser berühren und die Wellen genießen. Aus eigener Kraft bin ich an den Atlantik gefahren!

Hier begegnen mir auch viele Fahrradfahrer, die offenbar an diesem Samstag, an einem Rennen teilnehmen. Die Grenze zwischen Portugal und Spanien im Nordwesten ist der Fluss Rio Minho, der schließlich so breit wird, dass eine Fähre zur Überquerung nötig ist. Voller Vorfreude befahre ich die Fähre und betrete nach einigen Minuten erstmals in meinem Leben portugiesischen Boden bei Caminha. Ein tolles Gefühl, auch wenn sich landschaftlich zunächst nicht viel geändert hat. Die Straßen sind ein wenig schlechter als in Spanien, aber die Straßenbeschilderung dafür deutlich besser oder anders formuliert: Es gibt hier Straßenschilder. Die wichtigste Änderung ist aber wohl die Küste. Hier gibt es Sandstrand. Ganz praktisch ist außerdem, dass Portugal eine andere Zeitzone hat, womit ich quasi eine Stunde gewonnen habe. Nach einem Strandabschnitt suchend, der nicht stark befahren ist, geht es weiter. Leider stellt sich die Straßenkarte für Spanien und Portugal als ziemlicher Flop heraus, weshalb ich Angst habe, dass sich die Suche nach einem geeigneten Campingplatz etwas hinziehen wird. Aber Portugals Straßenschilder enttäuschen mich nicht und so ist ein Campingplatz rasch gefunden. Der Sonnenuntergang will am Strand genossen und beim Intermarché, wie in Frankreich, eingekauft werden. Der Wind bläst hier sehr kräftig aber wirklich warm ist es nicht. Logisch, immerhin befinde ich mich am Atlantik. Aber es ist wundervoll zu sehen, wie die Sonne im Ozean verschwindet. Portugiesischer Wein ist im Übrigen deutlich besser französischer. Vielleicht ist es besser so, dass die Temperatur nicht ganz so hoch, und das Wasser relativ kalt ist. Sonst wäre der Strand völlig überfüllt und darauf habe ich keine Lust. Warm eingepackt, denn natürlich ist der Campingplatz wieder an einem Fluss gelegen, lege ich mich schließlich schlafen.

Tag 34 – 26.08.2012

Strecke: Ãncora

KM: 2 Gesamtstrecke: 2.870 km

Zeit: Uhrzeit:

Heute Morgen wird mir richtig bewusst, dass die fehlende Hygiene und der Luxus, wie ein sauberes Bett, auf Dauer keinen Spaß machen. Ich fühle mich ekelig, schmutzig, etwas unwohl und der Wunsch zu Hause eine saubere Dusche zu benutzen, wird immer größer. In meinem Zelt sieht es auch aus wie im Schweinestall, obwohl ich versuche alles ordentlich zu halten. Dennoch, es mieft und der Dreck, der sich überall ansammelt, ist mit den vorhandenen Mitteln nicht zu entfernen. Hier am Atlantik ist es nachts sehr kühl und ich muss wieder einmal frösteln. Langsam reicht mir das. Hier sollte es die ganze Zeit um die 40 °C haben, aber ich muss mich dick einpacken. Es kommt noch der Wind hinzu, der die Kälte durch mein Zelt und meine Kleidung durchkommen lässt. Der Campingplatz-Betreiber meint, dass dies der kälteste Sommer seit Jahrzehnten ist und ich kann ihm nur zustimmen. Nur ein Gedanke hält meine Stimmung aufrecht. Heute wird das Fahrrad nicht angetastet. So langsam reicht es mir und ich bezweifle stark, dass ich nach Finisterre komme. Der gesamte Tag wird am Strand verbracht ausgiebig gesonnt, denn die Grube, die ich in den Sand gegraben habe, schützt mich ganz annehmbar vor dem Wind. Alle Vorsicht in den Wind schlagend, benutze ich keine Sonnenmilch, immerhin bin ich so lange in der Sonne gefahren, da sollte ich einen gewissen Schutz haben. Diesen Trugschluss bereue ich in der Nacht, da ich mir den wohl schlimmsten Sonnenbrand meines Lebens am gesamten Körper zugezogen habe. Mir ist schlecht und ich friere, obwohl meine Haut brennt wie Feuer.

Tag 35 – 27.08.2012
Strecke: Ãncora – Viana do Castelo
KM: 22 Gesamtstrecke: 2.890 km
Zeit: 1h 39min Uhrzeit: 10.00 – 12.30

Die Nacht war die Hölle auf Erden, die ich nur unter großen Schmerzen und Verwünschungen gegen meine eigene Dummheit überlebe. Sonnenbaden ist nun natürlich völlig illusorisch, außerdem ist der Himmel wolkenverhangen. Jegliche Lust weiterzufahren ist mir aber auch vergangen und so versuche ich nur noch die nächsten Minuten zu überleben. So ein Mist, wie soll ich damit auf Mallorca, meinem Zwischenstopp auf dem Weg nach Deutschland, überleben. Da wird sich meine Haut wohl wie eine Banane schälen. Eine letzte Hoffnung bleibt mir und so beschließe ich eine Apotheke aufzusuchen. Also zusammenpacken und notgedrungen wieder aufs Fahrrad schwingen. Auf dem Weg suche ich noch einen Leuchtturm auf und komme nach einigen Kilometern in Viana do Castelo, der ersten größeren Stadt in Portugal und meinem insgesamt südlichsten Ziel auf der Reise an. Das Refugio, welches zum Glück nur von einem italienischen Pärchen besucht ist, wird von mir als Erstes aufgesucht. Beide gehen den portugiesischen Jakobsweg an der Küste zu Fuß entlang und wollen einen italienischen

Reiseführer schreiben. In einer Apotheke kann ich mit einigen Verständigungsschwierigkeiten eine sehr teure SOS Après-Sonnenmilch von Vichy kaufen. Hier muss ich lernen, dass Portugiesisch sich zwar sehr ähnlich wie Spanisch schreibt, die Aussprache jedoch eine völlig andere und sehr ungewohnt ist. Zurück im Refugio reibe ich mich endlich mit dieser tollen Salbe ein, bereue es aber einige Sekunden später wieder. Diese beschissene Creme brennt auf meiner Haut wie Feuer und verschlimmert meinen Zustand noch mehr. Ablenkung ist angesagt und so suche ich ein Restaurant auf, um die berühmten Köstlichkeiten dieser Region zu genießen. Da ich, merkwürdigerweise, ganz gerne Muscheln esse, versuche ich in einem Fischrestaurant mein Glück. Immerhin liegt Viana do Castelo am Meer und es sollte hier gute Meeresfrüchte geben. Leider ist das Restaurant die Enttäuschung des Jahres. Für die geschmacklose Gemüsesuppe, die kalten und wohl sehr alten Muscheln und eine kleine Flasche Wein zahle ich fast dreißig Euro und bin danach nicht nur arm, sondern immer noch hungrig. Mir ist auch etwas flau im Magen, was wohl von diesen Muscheln herrührt – Pech gehabt. So habe ich mir den Aufenthalt in Portugal nicht vorgestellt. Auch die mangelnde übrige Ernährung aus Tomaten, Brot und süßen Brötchen macht sich langsam bemerkbar. Trotz alledem, Viana do Castelo gefällt mir ganz gut. Hier gibt es eine alte Burg, viele nette Kleinigkeiten, die man sich anschauen kann und nicht allzu viele Touristen. Eine nette Abwechslung zu den sonst von Pilgern überfüllten Städten in Spanien. Morgen will ich nach Ponte de Lima und mein Glück im Landesinneren versuchen. Angeblich ist diese nördliche Region Portugals die reichste und schönste. Wir werden sehen.

Tag 36 – 28.08.2012
Strecke: Viana do Castelo – Ponte de Lima
KM: 27   Gesamtstrecke: 2.919 km
Zeit: 1h 38min   Uhrzeit: 10.00 – 12.15

Ich hasse diese beschissene Sonne hier. Mein Sonnenbrand wird immer schlimmer und schlimmer. Wie soll das nur enden? Durch die Nacht musste ich mich wieder quälen, und als die Wirkung des Aspirins nachgelassen hat, war an Schlafen nicht mehr zu denken. Nachdem ich mich wieder eingecremt habe und vollständig getrocknet bin, packe ich alles zusammen und mache mich auf den Weg. Die beiden italienischen Pilger schlafen immer noch, aber draußen ist das Leben in vollem Gange.

Was soll ich sagen, die Gegend hier ist wirklich sehr schön. Etwas grüner als in Spanien und auch wieder wärmer. Die Straßenschilder gefallen mir mehr und auch der Weg selber ist sehr idyllisch, auch wenn die Straße nach deutschen Maßstäben nicht verkehrstüchtig wäre. Einzig die etwas rücksichtslosen portugiesischen Autofahrer machen mir Angst, doch zum Glück ist wenig los auf den Straßen. Hier werden vorrangig Weintrauben angebaut und so kann man zwischen Palmen, Trauben und einigen verschlafenen Dörfern fahren. In Ponte de Lima angekommen muss ich etwas warten, da zurzeit Siesta gehalten wird, und das Refugio erst in fünf Stunden öffnet. Offenbar gab es hier am Wochenende ein Fest, da noch überall Fahrgeschäfte, Schausteller und Verkäufer von offensichtlich illegal hergestellten CDs ihre Buden abbauen. Bei einem Churros Verkäufer kaufe ich mir ein paar sündige Teigschlangen und setzte mich in den schattigen Park, um mich etwas auszuruhen. Das Städtchen ist wirklich sehr schön und nur wenig von Touristen belagert. Mit der Brücke, die das Zentrum der Stadt bildet, hat es ein wirklich nettes Flair.

Das Refugio ist diesmal hauptsächlich von älteren, deutschen Pilgern besetzt, die offenbar ihr letztes Rentner-Abenteuer in Angriff nehmen wollen. Ich habe noch nie jemanden so heftig gegen den Schlafsaal und die angeblich so schlechten Betten mosern hören. Dabei ist dieses Refugio eines der saubersten und schönsten, in denen ich bisher nächtigen durfte. Hoffentlich werden diese „Pilger" nicht allzu enttäuscht von spanischen Etablissements sein. Aber so wie die aussehen, können sie locker im Hotelzimmer übernachten. Leider kann ich hier in Portugal nicht die Ruhe finden, die ich gerne hätte. Morgen geht es wieder Richtung Spanien und ab Pontevedra an der Küste entlang. Vielleicht schaffe ich es doch noch nach Finisterre – mal schauen.

Tag 37 – 29.08.2012
Strecke: Ponte de Lima – O Porriño (Spanien)
KM: 61 Gesamtstrecke: 2.980 km
Zeit: 3h 46min Uhrzeit: 8.30 – 14.15

Nie wieder werde ich irgendein Körperteil der Sonne preisgeben. So eine Dummheit darf mir nie wieder passieren. Ich will gar nicht wissen, wie viele Melanome ich dadurch verursacht habe, die Schmerzen und mein Unwohlsein strafen mich schon genug. Die Haut spannt extrem und jede Position, ob sitzend oder liegend, ist unangenehm und es wird von Tag zu Tag schlimmer. Das Eincremen hilft irgendwie nicht, denn danach fühle ich mich nur ekelhaft fettig und schmutzig an. Außerdem brennt meine Haut wie Feuer, mir ist dennoch innerlich kalt – tolle Zwickmühle.

Der Weg führt mich heute über ein paar kleine Aufstiege, alles sehr leicht und nicht im Geringsten mit Frankreich vergleichbar, durch eine wunderschöne Landschaft. Zum Glück hat die Autobahn den gesamten Verkehr geschluckt und so kann ich auf den Nebenstraßen atemberaubende Hänge, unglaublich viel Wald und kleine verschlafene Dörfer genießen. Dieser Abschnitt entschädigt etwas für die Strapazen und macht mich zum ersten Mal glücklich Portugal besucht zu haben. Zahlreiche kleine Heiligenstauten stehen am Wegesrand und außerdem gibt es hier interessanter Weise sehr viele Tankstellen. Viele Autos hier sind Gasbetrieben, aber es werden einfach Gasflaschen ausgetauscht, anstatt zu tanken. Deswegen offenbar das dichte Netz. In Valença, der letzten Stadt in Portugal angekommen, schaue ich mir die mächtige Festung an, die vor einer spanischen Invasion schützen sollte. Dabei platze ich mitten in eine Ausgrabung rein, aber niemanden scheint das sonderlich zu stören. Die Festung ist sehr groß und beeindruckend, aber noch mehr interessiert mich, was auf der anderen Seite auf mich wartet. Tui, die Stadt in der ich gerne schlafen möchte. Die Brücke ist schnell überquert und hier sehe ich zum ersten Mal Flaggen der jeweiligen Nationen an einer Grenze, auch wenn diese in die Grenzbrücke integriert sind und offenbar bald entfernt werden, da eine Komplettsanierung bevorsteht. Die Uhr wird wieder umgestellt und auf geht es ins Zentrum. Ich werde in der Herberge abgewiesen mit dem Hinweis, dass ich in Porriño sicher einen Platz bekomme. Es geht weiter aber der Weg hier ist nicht halb so schön wie in Portugal. Verlassene Straßen und zahlreiche Industriegebiete säumen den Weg. Zum Glück sind nur wenige Streckenabschnitte so trostlos gewesen wie dieser hier. In Porriño angekommen, finde ich nach einigem Suchen die Herberge und kann mich ausgiebig duschen und sogar Nudeln essen, auch wenn diese portugiesische Tomatensoße überhaupt keinen Geschmack besitzt.

Tag 38 – 30.08.2012
Strecke: O Porriño – Vilanova de Arousa

KM: 82	Gesamtstrecke: 3.062 km
Zeit: 4h 11min	Uhrzeit: 8.30 – 18.30

Heute werden die 3.000 Kilometer geknackt. Endlich geht es mir wieder ein wenig besser und obwohl meine Haut noch immer spannt und ich besser nicht in der Sonne fahren sollte, steigt die Motivation etwas. Vielleicht liegt es auch daran, dass ich zum ersten Mal seit einigen Tagen wieder richtig schlafen konnte und die „offizielle" Schließung der Herberge, um acht Uhr, verpasst habe. Egal. Es geht ab jetzt in den Norden bis Pontevedra. Wirklich erwähnenswert ist die Strecke nicht, mir fällt viel eher der Dreck und die weggeschmissenen Kühlschränke und Toiletten auf den Parkplätzen auf. Seit Redondela fahre ich auch auf Straßen, die ich vor ein paar Tagen gefahren bin, und kann nicht behaupten, dass diese doppelte Strecke besser ist. Zwar ist es nun schöner als damals, mit all dem Regen und der Kälte, aber nichts im Vergleich zu Portugal. Ich denke auch kurz darüber nach in eine der vielen Thermen hier in der Nähe zu gehen. Da diese aber recht teuer und immer an Hotels angeschlossen sind, traue ich mich nicht so richtig den Umweg in Kauf zu nehmen. In Pontevedra angekommen, komme ich auf die Idee in ein Autohaus zu gehen. Mir schwirrt schon seit längeren der Kauf eines Dacia im Kopf herum und zufällig ist das ersehnte Modell ausgestellt. Die Angestellten schauen mich alle sehr merkwürdig an, als ich mich in meinen stinkenden Klamotten ins Auto setzte und alles inspiziere. Mir ist es jedoch egal, und als mich ein Mitarbeiter anspricht und merkt, dass ich kein Spanisch spreche, werde ich in Ruhe gelassen. Das Auto gefällt mir übrigens sehr. Ab Pontevedra geht es Richtung Westen die Küste entlang. Die Sonne scheint und auch die Landschaft wird grüner und deutlich schöner. Einzig der starke Verkehr nervt ein wenig, aber was soll man machen. Die Verkehrsgewohnheiten der Südländer sind schon sehr offensiv und sie handeln, bevor sie nachdenken, weshalb ich nicht nur einmal fast unter die Räder gekommen wäre. Wahrscheinlich hat mich meine potthässliche blau-rote Kleidungskombination vor so manchem Unfall verschont. Es gab auch bisher keinen wirklichen Unfall auf der Strecke. Kurz vor der spanischen Grenze in Frankreich bin ich zwar fast geschleudert, als ich bei hoher Geschwindigkeit auf Sand eine Kurve nehmen wollte und bei einem Aufstieg in Spanien bin ich einfach umgefallen, das lag aber hauptsächlich an meiner wütenden Unlust über diesen beschissenen Berg. Insgesamt hätte deutlich mehr passieren können.

Bin jetzt in Cambados, also wieder am Atlantik angekommen und fühle mich sofort wohl in diesem kleinen schönen Städtchen. Der Stadtkern ist sehr mittelalterlich und ich kann bei Bier und Pizza eine ausgiebige Siesta feiern. Warum immer Pizza? Tja, es gibt halt überall Pizzerien und viele Alternativen gibt es für mich nicht. Danach geht es zum Tourismusbüro und ich frage nach einem günstigen Hotel und den Tauchmöglichkeiten, die auf der Tourismuskarte vor dem Büro erwähnt werden. Die angestellte junge Frau ist aber völlig überrascht und sieht dieses „Tauchersymbol" offenbar zum ersten Mal in ihrem Leben. Sehr kompetent. Angeblich sind alle Hotels belegt und eine Therme, die ebenfalls auf der Karte eingezeichnet ist, gibt es auch nicht. Na toll. Ich fahre also weiter und finde sogar diese ominöse Tauchschule, die sehr nach „out of business" aussieht. Der nächste Campingplatz liegt in Vilanova de Arousa, meinem nächsten Ziel. Langsam habe ich auch keine Lust mehr weiterzufahren und so steuere ich den ersten Campingplatz an. Nach einigem Verhandeln bekomme ich den Platz für zehn Euro – ursprünglich 18 Euro – und ich schlage mein Zelt auf. Die Campingplätze hier in Spanien sind bis spät in den Abend geöffnet und ein heimliches Campen ist somit nicht möglich. Viel Mitleid mit den Campingplatzbetreibern habe ich aber nicht mehr, denn viele haben mich schwarz aufgenommen und einfach nur das Geld in bar kassiert.

Unglaublich – ich habe laut Tacho über 3.000 Kilometer geschafft. Natürlich ist er nicht geeicht, aber das kann den Stolz über meine Leistung dennoch nicht mindern.

Tag 39 – 30.08.2012
Strecke: Vilanova de Arousa – Teo
KM: 57 Gesamtstrecke: 3.119 km
Zeit: 3h 51min Uhrzeit: 8.55 – 15.00

Man sollte meinen, dass sich der Körper mit der Zeit an diese extremen Temperaturwechsel gewöhnt. Trotzdem wache ich wieder zitternd auf und verfluche das kalte Meer. Es geht heute etwas später raus, da ich einfach keine Lust habe mein Zelt zusammenzupacken. Eigentlich habe ich keine Lust dieses Zelt jemals wieder anzufassen. So fahre ich zunächst ein paar Kilometer bis in die Innenstadt von Vilanova de Arousa. Die Suche nach einer Fähre oder Ähnlichem, das mich auf die andere Uferseite bringen könnte, verläuft erwartungsgemäß erfolglos. Es liegt vielleicht an der Uhrzeit, immerhin ist neun Uhr praktisch mitten in der Nacht für Spanier, aber vielleicht auch daran, dass eine Fähre sinnlos wäre, wenn man mit dem Auto nur wenige Minuten braucht. So fahre ich weiter Richtung Padrón immer in Küstennähe die recht steilen und in meinen Augen hässlichen Berge entlang. Wirkliche Lust noch nach Finisterre zu fahren habe ich nicht und an einem Kreisverkehr – wo auch sonst – entscheidet es sich. Geradeaus geht es nach Santiago und links Richtung Finisterre. Ich endscheide mich für geradeaus und läute somit sehr erleichtert das Ende meiner Fahrradreise ein.

Ich komme schließlich in Padrón an und suche die Herberge, kann sie aber nicht finden. Auf meinem schlauen Blatt vom portugiesischen Tourismusbüro steht, dass es einen Ort weiter südlich 60 Schlafplätze geben soll. Na dann, los geht es nach Valga, auf einer Strecke, die ich schon einmal gefahren bin. Hier finde ich aber ebenfalls keine Herberge. Total gefrustet und entkräftet fahre ich also wieder zurück nach Padrón und suche weiter. Irgendwo muss sie doch sein. Ich finde sie schließlich, doch angeblich ist der letzte Platz für Fahrradfahrer vergeben. Santiago ist zwar nicht weit entfernt und normalerweise würde ich es problemlos schaffen, heute bin ich aber völlig lustlos und die ganzen Absagen machen mich sehr wütend. Wieso errichtet man nicht mehrere Betten? Objektiv betrachtet sollte ich froh sein, dass so ein Angebot überhaupt besteht. Heute bin ich jedoch nur wütend auf diese faulen nichtsnutzigen Spanier.

In völliger Verzweiflung fahre ich nach Teo, wenige Kilometer vor Santiago und beziehe dort die fast menschenleere

Herberge. Fahrradfahrer sind hier zwar nicht erlaubt, ich verstecke mein Fahrrad aber notdürftig und behaupte einfach ich sei zu Fuß unterwegs. Der Hospitalero muss mein Fahrrad zwar gesehen haben, er fragt jedoch nicht nach wer es fährt und so kann ich unbehelligt hier bleiben. Einige Pilger werden auch schon abgelehnt, da die Herberge gegen Mittag auf einmal sehr schnell voll ist, aber mein Mitleid hält sich heute in Grenzen. Vielleicht ist das sehr egoistisch, aber ich musste oft genug zurückstecken und als ich kam, waren noch genügend Plätze frei. Jetzt, nachdem ich alles bezogen und auch schon gekocht habe, habe ich keine Lust weiterzufahren.

Morgen geht es nach Santiago und ich kann endlich mein Fahrrad loswerden. Vielleicht fahre ich noch mit dem Bus nach Finisterre, auf mehr habe ich aber keine Lust. Endlich ein paar Tage richtige Ruhe, Entspannung und Privatsphäre. Die Leute um mich herum und ich selber würden jetzt gerne schlafen, aber die schnatternden Spanier und ein Deutscher, alle jünger als ich, halten den Schlafsaal noch ein wenig wach.

Tag 40 – 01.09.2012
Strecke: Teo – Monte do Gozo
KM: 16   Gesamtstrecke: 3.136 km
Zeit: 1h 24min   Uhrzeit: 8.30 – 10.30

Endlich ist es geschafft. Es ist Tag 40 und ich werde heute mein Fahrrad abgeben und verschicken. Die letzten Tage und vor allem der gestrige waren nicht so prickelnd, aber heute bin ich fest entschlossen nur noch positiv zu denken und bin sehr froh einen Schlussstrich ziehen zu können. Nicht dass mir die Fahrt keinen Spaß gemacht hätte. Langsam ist es einfach genug. Vielleicht liegt es daran, dass ich kein wirkliches Ziel vor Augen habe, oder an den mehr oder weniger großen Problemen, die zu bewältigen waren. Bereuen tue ich die Fahrt nach Portugal aber nicht, dafür war der letzte Abschnitt einfach zu schön.

Die Nacht war ganz ok und ich bin noch lange liegen geblieben, bis das Haus leer war und ich unbemerkt auf mein Fahrrad steigen konnte. Der Hospitalero kam um acht Uhr, um sauber zu machen, aber ich konnte unbemerkt mit meinem Fahrrad vorbeischleichen. Es geht einen kleinen Berg hoch und dann auf die N-550 Richtung Santiago. Kurz die autopista überquert. Auf der Autobahn sehe ich tatsächlich das kleine Schild, dass mir eindeutig verbietet hier zu fahren, aber wo soll ich sonst hin. Jetzt geht es noch ein kleines Stück hinauf zum Lidl, bei dem ich mich erst mal mit Frühstück eindecke. Außerdem kann ich einen Verkäufer und eine Kundin beim Viel-zu-großen-Karton-in-viel-zu-kleinen-Kofferraum-Einpacken beobachten. Dieses Schauspiel dauert um die Zehn Minuten, bis beide merken, dass der Kofferraum zu klein ist, und das Paket einfach auf dem Rücksitz verstaut werden kann. Der folgende Abschnitt ist etwas steil und jeder normale Fahrradfahrer würde bei diesem Verkehr wohl sofort die Flucht ergreifen, aber ich schlängle mich mutig hinauf, bis zur Herberge auf dem Monte do Gozo, die 1.000 Pilger aufnehmen kann. Ist zwar nicht ganz die Privatsphäre, die ich will, aber die billigste Variante. Auf der Fahrt treffe ich noch ganz zufällig Verena, die ich in Astorga kennengelernt habe. In meiner Fahrradkluft und dank meines immer längeren Bartes erkennt sie mich nicht sofort. Wir verabreden uns für den Abend, sie möchte im Parador Hotel auf dem Hauptplatz essen gehen. Diese eigentlich für Pilger errichtete Herberge ist mittlerweile ein Luxushotel. Es gibt allerdings jeden Tag zehn Pilgern ein vollwertiges Essen aus.

Ich fahre erreiche schließlich die Herberge und muss etwas warten, da diese erst um 13 Uhr aufmacht. Jetzt habe ich Zeit mir eine Bank zu suchen und langsam meine Sachen zu entsorgen. Das Zelt, einige Kleidungsstücke und sonstige Materialen landen im Müll. Die will ich nie wieder benutzen. Ein paar Meter neben mir liegt ein Schlafsack, in dem tatsächlich jemand schläft. Ob das ein Obdachloser oder ein Pilger ohne gefundenen Schlafplatz ist, kann ich nicht sagen, aber etwas merkwürdig ist das Ganze schon. Da ich aber ganz offensichtliche Schnarchgeräusche vernehme, tue ich nichts. In einigen Stunden kann man noch mal nachschauen. Endlich ist es 13 Uhr und die Herberge kann bezogen werden. Sie ist wirklich sehr groß und geräumig und auch die Mehrbettzimmer (6-Betten) stören mich weniger und sind im Vergleich zu den Massenschlafsälen sehr angenehm. Ich dusche und wasche endlich meine Kleider im nahegelegenen Waschsalon. Leider stinken meine Schuhe danach immer noch, weshalb ich mir auf Mallorca wohl Flip-Flops kaufen muss. Am Abend fahre ich wieder los in die Innenstadt und treffe, nachdem ich mein Fahrrad und einige Taschen verschickt habe, wieder auf Verena. Das Parador Hotel ist nicht ganz nach meinem Gusto, weshalb ich lieber wo anders essen gehe. Hier treffe ich auf ein paar Iren, die ich vor mehreren Wochen kennengelernt habe und lasse es mir bei Bier und Nudeln gut gehen. Ich mache noch ein paar Bilder von der Kathedrale. Offenbar ist es Brauch auf dem Rücken zu liegen und die Kathedrale „upside down" anzuschauen – warum auch immer. Dann geht es mit Verena und ein paar bekannten Gesichtern etwas trinken, auch ein paar aus Redondela sehe ich wieder. Der Abend ist sehr nett. Es ist schön wieder länger unter Menschen zu sein. Ich hatte übrigens doch recht damit die Blasen aufzupieksen, auch wenn alle Ratgeber vor der Infektion warnen. Ein Weitergehen mit geschlossener Blase ist quasi unmöglich.

Tag 41– 02.09.2012
Strecke: Monte do Gozo – Finisterre

Heute breche ich früh auf, um einen der ersten Busse nach Finisterre zu erwischen. Nach längerem Laufen in Santiago und verzweifeltem Suchen nach einem offenen Café an diesem Sonntag komme ich schließlich hungrig am Busbahnhof an. Da der Bus sofort losfährt, kann ich mir nichts mehr zum Essen kaufen und steige einfach ein. Die Packung Schokokekse wird für die Fahrt reichen müssen. So langsam wird es mir schwer ums Herz, diese Strecke nicht mit dem Fahrrad gefahren zu sein. Sie ist wirklich sehr schön, aber ich muss ehrlich sein und zugeben, dass ich einfach nicht mehr kann. In Finisterre angekommen suche ich nach einer Unterkunft und wenig später nach einer Möglichkeit zu essen. Leider hat vor etwa einer Stunde die letzte Bäckerei im Ort geschlossen und so muss ich mich notgedrungen mit einem vegetarischen Sandwich begnügen, das wahrscheinlich nur aus Werbegründen auf der Karte steht und noch nie zubereitet worden ist. Am Abend mache ich mich dann fertig, um ans Kap Finisterre zu laufen, welches ein wenig außerhalb des Städtchens Fisterra liegt, in dem ich schlafen werde. Der Tag ist sehr schön und ich kann die Landschaft, einige versteckte Badeplätze und ein in den langsam anbahnenden Sonnenuntergang getauchten Weg genießen. Am Straßenrand wächst Fenchel wie Unkraut und es ist toll die Beine zu etwas anderem als zum Fahrradfahren benutzen zu können – auch wenn mir die Geschwindigkeit etwas zu niedrig ist. Auf dem Kap thront ein Leuchtturm und duzende Menschen warten auf den Sonnenuntergang. Dieser Ort soll schon von den Kelten als westlichster Punkt der Welt verehrt worden sein, auch wenn der westlichste Punkt des europäischen Festlandes eigentlich in Portugal liegt. Jeder wartet gespannt darauf, dass die Sonne im Meer versinkt und es herrscht ein angenehmes Schweigen. Schließlich ist es so weit, die Felsen sind in ein blutrot getaucht und die Sonne wird im Wasser lang gezogen, bis sie schließlich verschwindet.

Die Temperatur fällt schlagartig, weshalb ich mich wieder auf den Weg mache und noch einigen Leuten beim illegalen Verbrennen ihrer Kleidungsstücke zuschaue. Da dieses Kap als eigentliches Ende des Jakobsweges gilt, haben es sich viele zur Tradition gemacht, ihre Kleidungsstücke hier zu verbrennen, obwohl es vor einigen Jahren verboten worden ist. Ob es wirklich Tradition ist oder die Leute es nur machen, weil sie alle den gleichen Reiseführer haben, mag ich nicht zu beurteilen. Ich persönlich habe alle entbehrlichen Kleidungsstücke mittlerweile weggeworfen. Zurück in der Stadt gönne ich mir eine Pizza und gehe schließlich schlafen. Das war ein richtig toller Tag und ein sehr netter Abschluss meiner Fahrt.

Tag 42– 03.09.2012
Strecke: Finisterre – Monte do Gozo

Beim Frühstück treffe ich einige lustige Iren, mit denen ich auch nach Hause fahre. Sie halten Deutschland allesamt für unglaublich erfolgreich und als das Musterland in Europa. Aber ich muss zugeben, dass sich die Geschichten und Erzählungen über Irland auch sehr interessant anhören. Da sollte ich auch unbedingt mal hin. Zurück in Santiago warten ein paar lästige Pflichten auf mich. Muscheln für die Großeltern kaufen, Postkarten schreiben und wieder mal essen. Alles dreht sich bei mir offenbar nur ums Schlafen, Reisen und Essen. Das Restaurant gilt als eines der günstigsten und besten in Santiago und so versuche ich mein Glück. Die Suppe, und das Dessert sind wirklich sehr gut und auch der Hauptgang, bei dem ich nur zwischen Fisch und Fleisch wählen kann entscheide ich mich schließlich für Tintenfisch. Dieser ist extrem frisch und leicht paniert und frittiert worden – richtig lecker. Ein Vegetarier, der frische Meeresfrüchte mag. Wahrscheinlich darf ich mich nicht so nennen, aber was solls. Als nächstes steht endlich die Kathedrale auf dem Programm. Ich darf einige Stunden wegen der Menschenmassen anstehen und den silbernen Schrein, der angeblich die Gebeine des Apostels Jakobus enthält, betrachten. Die Kathedrale ist sehr pompös und festlich, aber im Vergleich zu anderen spanischen Kirchen nicht besonders schön. Mir gefällt Santiago im Allgemeinen nicht besonders, auch wenn die Stadt in einem ganz netten einheitlichen Stil gehalten ist, habe ich in Frankreich und Spanien schönere Städte gesehen. Vor allem der Dreck in den Straßen und der Verkehr sind etwas störend. Aber ich will nicht nur meckern, natürlich bin ich froh hier zu sein, freue mich aber auch darauf bald weiterziehen zu dürfen.

Tag 43– 04.09.2012
Strecke: Monte do Gozo

Der heutige Tag verläuft sehr ereignislos. Das Warten auf den Flug macht mich sehr träge und so verbringe ich fast den ganzen Tag damit Cartoons und Sitcoms à la „Family Guy" und „Two and a Half Men" im Refugio zu schauen. Ein merkwürdiger Portugiese, der angeblich dem Hospitalero „hilft" leistet mir Gesellschaft. Er ist ziemlich ungehalten zu einigen Gästen und wirkt, als ob er einfach nur einen billigen Schlafplatz für die nächsten Nächte sucht. Er selber behauptet Fotograf für Sportevents zu sein und erzählt von den abenteuerlichsten Geschichten über Surfer-, Motorsport- und Ski-Weltmeisterschaften. Er kennt auch all die wichtigen Skigebiete in Europa, was für einen Portugiesen nicht unbedingt selbstverständlich ist. Schnell geht er mir aber auf die Nerven. Da ich jedoch zu faul bin, um das Zimmer zu verlassen, höre ich mir alles an und versuche seine Kommentare über die Filme und Serien zu ignorieren.

Nicht nur mir geht der Mann auf die Nerven und so sitze ich bis spät in die Nacht mit einer sehr interessanten und etwas merkwürdigen Frau zusammen. Ich erzähle ihr ein wenig von mir und meiner Reise und sie von ihrer. Was mich aber am meisten fasziniert, ist ihre Lebensgeschichte voller Trauer und Schmerz. Mit ihrer Familie hat sie praktisch keinen Kontakt mehr und ihre Kindheit muss wohl sehr übel gewesen sein. Trotzdem wirkt sie sehr stark und selbstbewusst. Für sie ist der Weg sicherlich eine wichtige Erfahrung und nicht nur ein Zeitvertreib, wie bei den meisten hier.

Tag 44– 05.09.2012
Strecke: Monte do Gozo – Flughafen Santiago de Compostela

Der letzte Tag ist angebrochen und ich habe mich entschieden, zum Flughafen zu laufen. Es sind nur um die sieben bis acht Kilometer und nach meinen Berechnungen sollte ich es locker unter zwei Stunden schaffen. Also schnalle ich meinen unbequemen Rucksack um, der aus der oberen Tasche meiner Fahrradtasche besteht, den kleinen Rucksack trage ich vorne und los geht es. Auf dem Weg treffe ich dutzende Pilger, die Richtung Santiago unterwegs sind. Ich folge jedoch den Pfeilen unterwegs in die Gegenrichtung. So zieht sich eine Stunde hin und dann noch eine. Vielleicht laufe ich besonders langsam, aber das Gefühl mich verlaufen zu haben, wird immer stärker. Schließlich komme ich auf die Hauptstraße und kann einen Bewohner fragen, wo der „aeropuerto" ist. Zum Glück zeigt der Mann mir die Richtung, denn ich wäre woanders langgegangen und so erreiche ich rechtzeitig den Flughafen. Einchecken, durch die Sicherheitskontrolle, bei der ich mit dem Bart offenbar verdächtig ausschaue, da ich ausgiebig kontrolliert werde und rein ins Flugzeug. Adiós Santiago, adiós Abenteuer.

Papst-Denkmal auf dem Monte do Gozo – kurz vor Santiago

Kantabrisches Gebirge auf etwa 1.300 Höhenmetern

Epilog

Wer dieses Tagebuch verstehen will, sollte einige Dinge darüber erfahren. Jede Geschichte und jeder Gedanke, über die ich hier schreibe, sind tatsächlich so geschehen. Normalerweise verabscheue ich Stereotype und Verallgemeinerungen aber ich muss mir selber eingestehen, dass ich zum Teil in diesen Schubladen gedacht und Ereignisse entsprechend eingeordnet habe. Im Nachhinein betrachtet muss ich viele Aussagen relativieren und kann guten Gewissens sagen, dass die Menschen im Westen Europas sehr nett und zuvorkommend sind, sie haben aber, wie soll es auch anders sein, einen anderen kulturellen Hintergrund als den meinen. Die mit Abstand schönsten Strecken habe ich in Frankreich gesehen. Die Fahrradwege an den Flüssen sind einfach unschlagbar. Die nettesten Menschen traf ich hingegen in Spanien und den schönsten Wald gab es in Portugal zu genießen. Die meisten Menschen, mit denen ich in Kontakt kam, waren freundlich und nur sehr wenige abweisend, aber eben diese prägen sich im Gedächtnis besonders gut ein.

Vielleicht finden einige meine Vorbereitung extrem schlampig und naiv, aber ich kann euch beruhigen, es ist fast nichts schiefgegangen auf meiner Reise und für die meisten Probleme war ich vorbereitet. Und dabei hätte so viel schiefgehen können. Natürlich kann ich hier nicht über alle Ereignisse schreiben, das wäre schlichtweg langweilig. Ich hoffe sehr, dass euch das Tagebuch gefallen hat und kann euch nur ans Herz legen unsere europäischen Nachbarn zu besuchen und mit einem Schmunzeln über das ein oder andere chaotische Verhalten hinwegzusehen. Sonst wäre ich wohl schon in der ersten Nacht in Frankreich umgekehrt.

Benutzter Radreiseführer: Teklenborg, B. (2007). Radwandern entlang des Jakobswegs: Vom Rhein an das Westliche Ende Europas. Tyrolia.

Danksagung

Für die großartige Hilfe während der Korrektur des Buches möchte ich mich bedanken bei:

Hanna Rutkiewicz
Wiesława Rutkiewicz
Daniela Warth